CATALOGUE

DES

PORTRAITS FRANÇAIS ET ÉTRANGERS

DE LA COLLECTION

De feu M. SOLIMAN-LIEUTAUD

iconophile.

SÉRIE ALPHABÉTIQUE

Portraits des célébrités civiles, militaires et religieuses
des XVIe, XVIIe, XVIIIe et XIXe siècles
gravés d'après les meilleurs artistes, par
Léonard Gaultier, Thomas de Leu, Picart, Lochon. Nanteuil
Edelinck, Van Schuppen, Regnesson, Mellan, Lenfant
Masson, Balechou, Daullé, Cathelin, Denon, Henriquel, Dupont
Varin, Hillemacher, et autres.

Epreuves d'essais. — Portraits avant la lettre. — Eaux-fortes.

LA VENTE AURA LIEU

EN L'HOTEL DES COMMISSAIRES-PRISEURS

9, rue DROUOT (SALLE 6)

Le Lundi 7 Février et les cinq jours suivants
à une heure et demie très précise.

Par le ministère de Me **G. BOULLAND**
Commissaire-Priseur, 26, rue Neuve-des-Petits-Champs.

Assisté de M. Henri MENU, libraire, 30, rue Jacob.

chez lequel on distribue le Catalogue.

PARIS—1881

PARIS. — IMPRIMERIE DE CH. NOBLET

13, RUE CUJAS, 13

CATALOGUE

DES

PORTRAITS FRANÇAIS ET ÉTRANGERS

CATALOGUE

DES

PORTRAITS FRANÇAIS ET ÉTRANGERS

DE LA COLLECTION

De feu M. SOLIMAN-LIEUTAUD

iconophile.

—

SÉRIE ALPHABÉTIQUE

—

Portraits des célébrités civiles, militaires et religieuses
des XVIe, XVIIe, XVIIIe et XIXe siècles
gravés d'après les meilleurs artistes, par
LÉONARD GAULTIER, THOMAS DE LEU, PICART, LOCHON. NANTEUIL
EDELINCK, VAN SCHUPPEN, REGNESSON, MELLAN, LENFANT
MASSON, BALECHOU, DAULLÉ, CATHELIN, DENON, HENRIQUEL, DUPONT
VARIN, HILLEMACHER, et autres.

Epreuves d'essais. — Portraits avant la lettre. — Eaux-fortes.

LA VENTE AURA LIEU

EN L'HOTEL DES COMMISSAIRES-PRISEURS

9, rue DROUOT (SALLE 6)

Le Lundi 7 Février et les cinq jours suivants
à une heure et demie très précise.

Par le ministère de Me **G. BOULLAND**
Commissaire-Priseur, 26, rue Neuve-des-Petits-Champs.
Assisté de M. Henri MENU, libraire, 30, rue Jacob.

chez lequel on distribue le Catalogue.

——ooꝶoo——

PARIS—1881

Les numéros de la vacation du jour seront visibles, le matin, chez M. Henri Menu, libraire, 30, rue Jacob.

CONDITIONS DE LA VENTE :

Au comptant, avec *cinq pour cent* en plus des enchères, applicables aux frais.

Les attributions et les remarques de M. Soliman Lieutaud ont été conservées.

Les commissions pour la vente sont reçues à la librairie, 30, rue Jacob.

Toute commission sans prix limité sera considérée comme nulle.

ORDRE DES VACATIONS :

Lundi,	7 février. . .	Nos	1 à 230.
Mardi,	8 — . . .		231 à 460.
Mercr.,	9 — . . .		461 à 690.
Jeudi,	10 — . . .		691 à 920.
Vendr.,	11 — . . .		921 à 1160.
Samedi,	12 — . . .		1161 à 1375.

ABRÉVIATIONS EMPLOYÉES.

R. D. — Robert Dumesnil. — Le peintre graveur français. *In 8°*.

M. — De Montaiglon. — Catalogue de l'œuvre de Mellan. *In-8*.

F. D. — Firmin Didot. — Les Drevet. *In-8*.

Les autres abréviations sont usitées dans tous les catalogues.

CATALOGUE

DE LA COLLECTION DE

PORTRAITS HISTORIQUES

1. *Abelly* (L.), évêque de Rodez, par MASSON. In-fol., bel. épr.

2. *Abes* (Gabr. d'), chan. de Paris. 1656. In-4.

3. *Absolu* (Jeanne), religieuse des Hautes-Bruyères, par HURÉ. Portrait-titre. In-4.

4. *Adrien de Valois*, par DUFLOS, épreuve sur soie.

5. *Agasse* (les frères), gr. par GODEFROY et 2 lith.

6. *Agathie de la Croix*, dominicaine, par WEYEN. In-4.

7. *Aigallier* (De Laudun d'), par TH. DE LEU. Pièce anonyme (R. D. 295). In-32.

8. *Alais de Beaulieu*, calligraphe, par MELLAN. M. Soliman a classé ce portrait à l'œuvre de Mellan; mais l'attribution est contestée (M. 184). In-12.

9. *Albizi*, domini. de Marseille. 3 port. in-8.

10. *Aldes.* — P. MANUTIUS. 10 portraits variés.

11. *Alexandre VII*, pape, par HUMBELOT. In-fol. — par PITAU, d'ap. Mignard. Gr. in-fol.

12. *Aliband*, régicide. 4 portr. lith.

13. *Alibert*, médecin. 3 lith. in-fol.

14. *Aligre* (D'), abbé de Saint-Jacques de Provins, par DUFLOS d'apr. Lombart. Gr. in-fol.

15. *Alton*, médecin manceau, par **Rousselet**. In-4.

16. *Alvequin* (Marie), augustine, 1648, par L. **Moreau**. In-12.

17. *Amboise* (G. d'), arch. de Rouen. 10 p.

18. *Amelot*, présid, de la Cour des Aides. 1650, par **Rousselet**. In-fol., bel. épr.

19. *Amelot* (Mich.), archev. de Tours, 1675, par **Nanteuil**. Epr. fat.

20. *Amelot* (A. J.), secrét. d'Etat, par A. **De S.-Aubin**, 1778. In-4, bel. épr.

21. — par le même. 1781. In-4. Jolie pièce.
— par **Pruneau**. In-4.

22. *Amyot*, né à Melun, évêque d'Auxerre. L. **Gautier**. In-4. Très belle épreuve in-3.

23. *Andrieux*, par **Delvaux** et anonymes. 2 portr. inachevés. In-4.

24. *Andry*, méd. In-4. Gr. en manière noire.

25. *Anguein* (Jean de Bourbon, comte). In-8.

26. *Ankastroem*, le Brutus suédois. *Bonneville del.* In-8. 40 exemplaires.

27. *Anisson d'Autroche*, échev. de Lyon, par **Lauvers** d'apr. Panto. In-fol.

28. *Anne d'Autriche*. — Portraits par **Montcornet**, **Odieuvre**, etc. 25. p.

29. — par M. **Lasne et Is.Briot**. Gr. in-fol. Belle pièce.

30. — dans carré av. 4 vers au bas. Anonyme. In-fol., bel. épr.

31. *Enfants* (les) de France et Anne d'Autriche, par **Daret**. In-4.

32. *Anne de Beauvais*, ursuline, par J. **Picart**. In-12.

33. *Anne de Jésus*, carmélite. 1689. In-4. Titre.

34. *Annibal*, centenaire marseillais, par **Laurens** fils (1759). Tr. bel. pièce, in-fol.

35. *Antoine de Bourbon*, roi de Navarre. — Jeanne d'Albret. Eaux-fortes d'Hillemacher. Epreuves d'artistes.

36. *Antoine de Bourbon*, roi de Navarre. In-4.

37. *Antoinette de Jésus*, chanoinesse, par GANTREL. In-12.

38. *Argens* (marquis d'). 6 portr.

39. *Argentré* (Ber. d'). 1604. TH. DE LEU f. (R. D. 300). In-4.

40. *Armand de Bourbon-Conti*, par M. LASNE. In-fol. en larg.

41. *Arnaud* (F.), de l'Acad. fr., 1785, par VALPERGA d'ap. Duplessis. Epr. av. le nom. In-fol.

42. *Arnaud* d'Aix, notaire. 2 portr.

43. *Arnauld* (Henri), évêq. d'Angers, 1671, par LANDRY. In-fol. Tr. bel. épr.

44. *Astruc*, par ALBON d'ap. Monnet. In-fol.

45. — par GAUTHIER D'AGOTY, en manière noire. In-fol. Très beau.

46. — par DAULLÉ d'ap. Vigée. In-4.

47. *Attichy* (Denis d'), évêq. d'Autun, par LOCHON. In-fol.

48. *Aubais* (marquis d'), historien, par DAULLÉ. Bel. épr.

49. *Aubert*, prof. d'équit. 1830. In-fol. col.

50. *Aubert Dubayet*, par ALLAIS d'ap. Boilly. En pied, manière noire. Gr. in-fol. Tr. bel. épr.

51. *Augereau*, par BOVINET et divers. 22 port.

52. *Aumont* (Ant. d'), maréchal de Fr., gouv. de Paris, par BOUTTAN. In-fol.

53. *Araucour* (Ch. d'), ambassadeur. In-4.

54. *Ayrail*, litt. 1589. TH. DE LEU f. In-18 (R. D. 305), jolie pièce.
— Av. un distique au bas (R. D. 304). In-8.

55. *Auzannet*, avocat au Parl., par Thomassin. In-fol.

56. *Babille*, avocat de Paris, par Pilon. In-fol.

57. *Baïf* (J.), poète. In-8.

58. *Balbis*, professeur. In-fol., bel. ép., rare.

59. *Baillet* (Adrien). 5 portr.

60. *Bailleul* (M. de), présid. au Parl., par Mellan. Tête de thèse (m. 282). In-fol. en larg.

61. *Bailly*, par Levacher, Duplessis-Bertaux, etc. 45 pièces.

62. *Ballanche*, par David. 3 portr.

63. *Balma* (Jac.), guide du mont Blanc, par Ch. de Mechel. In-fol.

64. *Baluze*, de Tulle, par Thomassin d'ap. Rigaud. In-fol. Bel. épr.

65. *Balzac* (Louis de), par Mellan. Etat av. le nom. — Avec le nom et 4 vers de Maynard au bas (m. 165). 2 p. in-4.

66. *Balzac*, romancier, par Chenay d'ap. Boulanger. In-4. Epreuve d'artiste av. la lettre.

67. — Portraits et caricatures. 14 p.

68. *Baptiste*. du Conservatoire, par La Richardière. 11 exemp.

69. *Barbedor*, calligraphe, 1650, par Boulanger. In-fol.

70. *Barbeyrac* (J.), par Petit. In-4.

71. *Barberin* (Ant.), arch. de Reims, par Boulanger d'ap. Gribelin. In-fol.

72. *Barnave*. 4 portraits in-8.

73. *Baron* (H.), médecin, Paris, par Littret de Montigny. In-fol. Bel. épr.

74. *Baronius*, cardinal, par L. Gaultier. In-fol.

75. *Barras*, directeur, an vii, par Tardieu. Gr. in-fol., man. noire.

76. *Barré* (Mic.), de Rouen, minime, par Simonneau d'ap. Vivien. In-fol. en larg.

77. *Barrère à la tribune.* Eau-forte. In-fol. 1er état.

78. — 8 portr. variés.

79. *Barthélemy* (l'abbé), aut. du *Voyage d'Anacharsis.* 28 portr.

80. *Basnage*, de Rouen. In-fol., manière noire.

81. *Baseilhac*, dit frère Cosme, lithotomiste, par de Lorraine. In-fol.

82. *Bassompierre*, par Montcornet, etc. 5 portr.

83. *Battier* (F.), de Basle, par Von Mechel d'ap. Huber. In-fol.

84. *Baudrand* (A.), 1699, par Crespy d'ap. Vignon. In-fol.

85. *Bauhin*, méd., 1592. Bois gravé. In-12.

86. *Bayle*, par Petit. In-fol.
— par Chereau. In-fol.
— par Cath. Duchesne, manière noire.

87. *Beaugrand*, biblioth. regis. Th. de Leu (R. D. 313). Bel. épr.

88. *Beauharnais* (Eug.), par Chapuy d'après Modet, en pied. Gr. in-fol.

89. *Beauharnais* (Eugène de), vice-roi d'Italie. 18 portr. noirs et coloriés.

90. *Beauharnais* (A. de), par Levacher et div. 12 portr.

91. *Beaulieau* (Jac. de), opérateur natif de Bourgogne. In-4.

92. *Beaumanoir de Lavardin*, évêque du Mans, par Nanteuil, 1651 (R. D. 34), 1er état.

93. *Beaumarchais*, par divers. Epr. avant lettre. 10 portr.

94. *Beaumont* (de), év. de Rodez, 1697, par R. Lochon d'ap. Ph. de Champaigne. In-fol.

95. *Beaumont* (Chr. de), arch. de Paris, par **KLABER** d'ap. Rinsber. In-fol.

96. *Béchade*, rel. Mathurin, de Paris, par **LEROY**. In-fol.

97. *Begon* (Mich.), cons. au Parl. de Provence, intendant d'Amérique, par **DUFLOS** d'ap. Rigaud. In-4.

98. *Begon* (J.), évêque de Toul, par **BALECHOU**. In-4, rare.

99. *Belon*, voyageur. 5 portr.

100. *Belloy* (cardinal du), arch. de Paris, par divers artistes. Buste, portraits et allégorie av. texte imprimé. 7 pièces.

101. *Benoise* (Ch.), conseiller au Parl., par **NANTEUIL**. Epr. fat.

102. *Benoist de Bonnières*, du Berry, par **MARIAGE** d'ap. Robin. In-fol.

103. *Bentivolvs*, cardin., par **MELLAN** (M. 169). In-4.

104. *Bérard*, aut. des *Cancans*, lith. in-fol. 4 exemp.

105. *Béranger*. Portraits et allégories. 20 p.

106. *Bérault* (Josias), littérat., 1614. **L. GAULTIER**. In-4.

107. *Bérenger*, archidiacre d'Angers. 3 portr.

108. *Bergaigne*, arch, de Cambray. 4 portr.

109. *Bergasse*, député. 5 portr.

110. *Bernage* (L. de), conseil. du Roi, par **MICHEL**, d'Avignon, d'ap. Gérard. In-fol.

111. *Bernadotte*, vu à mi-corps d. un carré. In-fol. manière noire, belle épr.

112. — Le même, par **ALLIX** d'ap. Ledru, en pied. Gr. in-fol., manière noire, superbe épr.

113. — par **FIESINGER** d'ap. Guérin. In-fol.

114. *Bernadotte* et Madame, reine de Suède. 26 portraits.

115. *Bernard*, de Dijon, dit *le Pauvre Prêtre*. 6 portr.

116. *Bernard* (Cl.), prêtre, par **J. Isac**. In-12.

117. *Bernard*, capucin, 1680, par **Gautrel**. In-4.

118. *Bernis*, par **S.-Aubin** d'ap. Marteau. In-8.

119. — 4 portr.

120. *Berrier* (L.), conseiller du roy, 1667, par **Mellan** (**m**. 170). In-8.

121. *Berry* (duchesse de), par **Vallot**. 10 exemp.

122. *Berryer*, par divers. 8 portr.

123. *Bertier*, évêque de Blois, par **Leroy**, de Blois, d'ap. Rigaud. Gr. in-fol. Belle épr.

124. *Berthier*, maréchal de France, par **Prot** d'ap. Berdier. Gr. in-fol. en haut. 1ʳᵉ épreuve, avant diverses retouches d. les fonds, rare.

125. — Portr. en pied. In-fol. 17 exemp.

126. — par divers artistes. 35 portr.

127. *Bertin*, trésorier gén. de France, par **Drevet** d'ap. Rigaud (**f. d.** 19). In-fol.

128. *Bertrand* (le général), de Châteauroux. 12 portr.

129. *Bertrand*, de la Pérouse (Savoie), par **Thourneysens**. In-4.

130. *Bérulle* (card. de), par divers. 6 portraits.

131. *Berwick* (Jacq., duc de), par **Drevet**, 1693. Double in-fol. (**f. d.** 20). Bel. épr.

132. *Besly*, historien poitevin, par **J. Isac**. Belle épr.

133. *Besse* (P. de), Limosin, par **L. Gaultier**. In-8.

134. *Bessières*, maréchal. 15 portr. n. et coloriés.

135. *Bette*, bourgeois de Saint-Omer. 3 portr.

136. *Bize* et Luther, p. **Montcornet**, etc. 3 portr. dont un avant la lettre.

137. *Bignon* (Jér.), par **Lochon**. In-fol., bel. épr.

138. *Bignon* (J.), bibliothécaire du Roi, de l'Acad. fr., 1770, par **Drouais fils**, **Ingouf** sc. In-4, tr. bel. ép. avant la lettre.

139. *Bignon* (P.), abbé de Saint-Quentin, 1707, par Drevet d'ap. Rigaud. D. in-fol. s. marges (f. d. 22). 3ᵉ état, bel. épr.

139 *bis*. — par Trouvain d'ap. Rigaud. In-fol., tr. bel. épr.

140. *Birague*, cardinal, par L. Gaultier. In-8.

141. *Biron* (Gontault de), maréchal, par Th. de Leu. In-8, bel. épr.

142. *Bitaubé*. Lefèvre sc. 11 p.

143. *Blacvodæus* (Ad.), consil. Pictones, 1644, par J. Picart. In-8.

144. *Blaise* (frère), feuillant, par Beau d'ap. de Troy. Gr. in-fol. en haut.

145. *Bochart de Saron*, chan. de Paris, par Nanteuil (r. d. 42).

146. *Bochart* (Samuel), par Van Schuppen. In-fol.

147. *Bodoni*, imp. par Rosapina. In-8.

148. *Boileau* (Nic.), 1706, par Drevet d'ap. Rigaud. Gr. in-fol. (f. d. 24), superbe épr.

149. — Soliman sc. 5 épr. in-4.

150. — par Delaunay, Duflos, etc. 12 p.

151. *Boiséon* (Cath. de), 1667, par Et. Picart. In-4.

152. *Boissard* (J.), de Besançon, par Lasseo. In-fol. en larg.

153. *Boistel*, curé de Saint-Firmin d'Amiens, par Simon. Gr. in-fol.

154. *Bonaparte*, par Massard, médaillon, tr. rare.

155. — 1ᵉʳ consul, publié par Levacher. In-fol.

156. — publié par Ch. de Mechel. Beau portrait. 23 ex.

157. — général. 80 portr.

158. *Bonnet*, de la Chapelle, imp. La Richardière sc. 12 ex.

159. *Bonneval* (comte de), voyageur. 6 p.

160. *Boniface* (H. de) *Aquensis*, par Noblin d'après Gribelin. In-fol.

161. *Bonnier*, par Levacher, etc. 5 portr.

162. *Bontems* (Louis), par La Live. In-8.

163. *Borigier*, par Miger d'ap. Personneau. In-f. Avant la lettre sur le soele.

164. *Bossuet*, epis. Meldensis. *Madeleine Masson fecit.* In-fol.

165. — par Devaux. Avant l'adresse en marge. In-f.

166. — par Faure, Petit, etc. 7 port.

167. *Bouchart* (A.), vicomte de Blosseville, par L. Gaultier. In-4. Bel. épr.

168. *Boucherat*, par Edelinck. (Lég. déch. au bas.)

169. *Boucot*, Lemaire, Pieltre, Cramoisy, de Monhers, Trouchot et Baillon, échevins, aux pieds du Dauphin, par Mellan (m. 205). Pl. in-fol. Bel. épr.

170. *Boudan* (P.), ministre hollandais. In-fol. Bel. épr.

171. *Boudan*, iconophile parisien, par Le Febvre. In-4.

172. *Boudoise*, prètre, par Pitau 3 port.

173. *Boudry*, trinitaire, par Dennel d'ap. Saint-Aubin. Gr. in-fol.

174. *Bouexic de La Chapelle*, cons. Armoricum, par Et. Picart d'ap. Paillet. In-fol.

175. *Boufflers* (marquis de), bailly de Beauvais, par Larmessin, etc. 4 port.

176. *Boufflers*, de Nancy, par Delvaux et div. 8 p.

177. — par Faucher direx. 10 ex.

178. *Bouhier* (le présid.), par Daudet. In-fol.

179. *Bouillon* (Maurice de La Tour d'Auvergne, duc de), par Nanteuil, 1649. Avec le monogramme AW sur l'appui. Etat non cité.

180. — Emmanuel Théodose, cardinal, par Nanteuil. 1670 (r. d. 52). 1er état.

181. — par Nanteuil (r. d. 53). Gr. in-fol.

182. *Bouilly,* fabuliste, par LA RICHARDIÈRE. 5 ex.

183. *Boulay* de la Meurthe. 5 port.

184. *Boquin* (P.), de Bourges. In-4.

185. *Bourbon* (Ch. de); arch. de Rouen, TH. DE LEU (R. D. 321). In-8.

186. *Bourbon-Conty* (L. F. J. et L. F. de), portr. médaill. In-fol.

187. *Bourbon* (card. de), dit card. de Vendôme. *J. Goemont fe*. Pet. in-4. Jolie pièce.

188. *Bourgelat,* par LETELLIER d'apr. Vincent. In-4. Bel. épr.

189. *Bourgueville* (Ch. de), de Caen, 1588. Bois-titre des *Recherches* de Caen.

190. *Bourignon* (Mme), Lilloise, 4 p. anglais et allem.

191. *Boulbon* (Ch. de), évêq. de Soissons, 1657. *R. Lochon sc*. In-fol. Tr. bel. épr.

192. — par M. LASNE. In-fol.

193. — par LARMESSIN. In-fol.

194. — chez Boissevin, in-4. Epreuve avant les rubans.

195. *Bournonville* (Mlle de), en Diane, par VALCK. In-4. Bel. épr.

196. *Bousselin* (T.), conseiller du roi, 1710, par DOS-SER d'ap. Tremblin. Gr. in-fol.

197. *Boutemie*, dessinateur, 1658, par N. COCHIN. In-fol.

198. *Bouthillier*, arch. de Tours. — L. Bouth., seig. de Pons. *Montcornet ex*. 5 p.

199. *Bouthillier* (Fr.), évêque de Troyes, 1679, par JOLLAIN d'ap. N. de Platte-Montagne. In-fol.

200. *Bugnyon* (Ph.), d'Aix. Bois gravé. In-12.

201. *Bouvard,* médec., par HENRIQUEZ. In-fol., bel. épr.

202. *Boyer de Foresta,* présid. au Parl. de Provence, 1728, par CLŒMEANS d'ap. Cellony. Gr. in-fol.

203. *Bowyer* (Guil.), architecte, par **Basire**. In-fol.

204. *Braschi*, cardinal,' 1775, par **Voysard**. In-fol.

205. *Breauté* (M. de), par **Frosne** d'ap. Bourg. In-fol.

206. *Brémont* (A.), magist. de Marseille, par **Molle·** In-4.

207. *Brigallier*, aumônier de la duch. d'Orléans (1648). In-8.

208. *Briou* (Cl. de), magistrat, 1671, par **E. Picard** d'ap. Paillet. Gr. in-fol., bel. épr.

209. *Brizard*, acteur, dess. par **Carmontelle**, av. l'eau-forte. — Le même gr. par **La Fosse**, colorié. 3 p.

210. *Brissot* par **Bonneville** et div. 4 portr.

211. *Brodart*, intendant de la marine en Provence, par **Audran**. 1686. Gr. in-fol. Belle pièce allégorique.

212. *Broussais*, *Ch. Blanc aquaf.* et div. 5 portr.

213. *Bruguière* (de Thiers), curé de St-Paul. 1803. In-4.
— par **Roy**. In-8.

214. *Brun* (de), ambas. à Munster, par **Spirinx**. In-fol.

215. *Bruneau* (Mathurin), faux Louis XVII, de la Mayenne. 5 p. n. et coloriés.

216. *Brune*, maréchal de Fr., né à Brives, tué à Avignon, 1815. 38 port. n. et coloriés.

217. *Brunetière*, bibliophile, à Fontenay-le-Comte, par **Varin**. 7 épr. : états divers.

218. *Brunswich* (Christian de), victorieux en Westpha-lie. In-fol.

219. *Bruny* (de), marq. d'Entrecasteaux, par **Vanloo** jᵉ d'ap. Viali. Gr. in-fol.

220. *Brunyer*, médecin, 1661, par **Landry**. In-fol., bel. épr.

221. *Bruselin*, magistrat, par **Rousselet**. In-fol.

222. *Brute* (J.), théol. paris. Anonyme. In-fol.

223. — par **Boizot**. In-fol.

224. *Bucer* (N.), théol. 16e siècle. In-4.

224. *Buch'oz*. Portr. in-fol., avant la lettre.

225. *Buffon*, par MASSARD, ADAM, etc. 50 portr.

226. *Bullinger* (H.), par HOUSTON. In-fol.

227. *Burlugay*, gr. vic. de Sens, par HABERT. In-fol.

228. *Cadet*, pharmacien, par HENRIQUEZ d'ap. Bourgoin. In-4.

229. *Cadoudal*. Lith. gr. in-fol.

230. *Cagliostro*, par BONNEVILLE et div. 8 p.

231. *Caillot* (J.), par MIGER. In-4.

232. *Cajetan* (H.), légat du pape. 1587. In-fol.

233. *Calas* (la famille), dess. par CARMONTELLE et copies. 3 planches en larg.

234. *Callot* (J.), graveur, par M. LASNE. In-8.

235. *Calvin*, dess. à la plume par le chev. de Berny. Portraits allemands et div. 16 pièces.

236. *Cambacérès*, consul et caricature. 11. p.

237. *Cambolas* (J. de), du Parl. de Toul. In-fol.
— par VALLET. In-4.

238. *Cambronne*, de Nantes, par divers. 14 p.

239. *Cambout de Coislin*, évêque d'Orléans, 1670, par PITAU d'ap. Lefebvre. In-fol.

240. *Campion* (L'abbé), d'après Watelet. In-4.

241. *Campmans*, abbas Dunensium, 1640, par GALLE. In-fol.

242. *Camus*, évêque de Belley (par L. GAULTIER)
— par PICART. In-8.

243. *Caradeuc de La Chalotais*, HUBERT d'ap. Queverdo. In-4.

244. *Carbonnel de Canisy*, évêq. de Limoges, par GANTREL d'ap. Gouet. in-fol. Tr. bel. épr.

245. *Carel*, baron, 1793, par VINKELES. Gr. in-fol. en haut. Bel. épr.

246. *Carnot*, par divers. 14 p.

247. *Caron* (Ant.), de Beauvais, 1599. TH. DE LEU (R. D. 330). In-12.

248. *Carondelet* (J. de), arch. de Panorme, par CAUKER-KEN. In-8.

249. *Cartouche* d. son cachot. — Scènes de la vie de Cartouche, 1721. 2 pièces in-fol.

250. *Castaing*, d'Alençon, empoisonneur. 10 p.

251. *Castellane* (de), évêque de Fréjus, 1725, par CUNDIER d'ap. Celloni. In-fol.

252. *Castelnau*, aut. de Mémoires, par LA ROUSSIÈRE. In-fol.

253. *Catherine*, Henriette, duchesse d'Elbeuf, 1659, par FROSNE d'ap. Vary. In-fol.

254. *Caulet*, évêque de Pamiers, par HABERT. In-4.

255. *Caumartin* (maison de). Jean, baron de St-Port, par BOUDAN. — Louis, m. 1624, par DARET. — Jacques, marquis de Cailly. — François, évêque d'Amiens. — L. Fr., par VAN SCHUPPEN. — L. Ur., p. VERMEU-LEN. 7 portr.

256. *Causeur* (J.), centenaire breton, peint en 1771 par CAFFIERI. In-4.

257. *Caylus* (G. de), évêque d'Auxerre, par GAUCHER d'ap. Fontaine. In-8. Bel. épr.

258. *Cayron* (J.), jésuite, par BAOUR, de Toulouse. In-fol.

259. *Cellot* (F.), jésuite, par N. BAZIN. In-fol.

260. *Chabans* (L. de), gouv. de Ste Foy, par M. LASNE. In-4.

261. *Chaillou de Thoisy*, théol., par ROULLET d'ap. Gérardin. Gr. in-fol.

262. *Chambray* (F. de), vice-amiral de Malte. In-8.

263. *Chambroy*, Parisien, abbé de Ste-Geneviève, par DAULLÉ. 1749. Tr. bel. épr. in-fol.

264. *Chamillard* (J.), maître des requêtes, par NANTEUIL. Bel. épr. in-fol.

265. *Champloust* (J. de), par JOGAN d'ap. VANLOO. Gr. in-fol.

266. *Chantal* (Jeanne de), par MONTCORNET, etc. 30 p.

267. *Chappe* (l'abbé), par TILLIARD d'ap. Fredon. In-fol.

268. *Chapelain*, par SOLIMAN. 16 exempl. avant lettre.

269. *Chapelain* (Jean), de l'Acad. française. In-fol. (R. D. 60). In-fol. — Epreuve d'essai non citée, où le corps et le visage ne sont qu'indiqués au trait. Cet état (probablement unique, comme celui du Moïse du Cabinet national des Estampes) est celui où NANTEUIL reçut la planche de ses collaborateurs.

270. *Chapt* de *Rastignac*, arch. de Tours. Tr. b. épr.

271. *Charas*, pharmacien, par LANGLOIS d'apr. Potier. In-4.

272. *Charreton*, présid. des requêtes, par JOLLAIN. In-fol.

273. *Charrier* (Gasp.), conseil. du roi, par MASSON d'ap. Blanchet. Gr. in-fol.

274. *Charrière*, par RUOTTE s:. 3 portr.

275. *Charron*, Parisien (par TH. DE LEU). In-8.

276. *Charron*, gravé par AUDOIN. 16 exempl.

277. *Charles VIII*, d'après L. de Vinci. — François Ier, d'ap. le Titien. Eaux-fortes d'Hillemacher. Epreuves d'artistes.

278. *Charles VIII*, roi de Fr., par divers. 24 p.

279. *Charles IX*, par divers. 18 p.

280. *Charles*, connétable de Bourbon, par TH. DE LEU (R. D. 323). In-8.

281. *Charles de Bourbon*, arch. de Rouen (roi de la Ligue), né à la Ferté-s.-Jouarre, par L. GAULTIER. In-8.

282. *Charles de Bourbon*, comte de Soissons, par **Miger** d'ap. Le Monnier. In-4. Epreuve d'artiste.

283. *Charles de Lor.*, duc de Guise, gén. en Provence. **Th. de Leu** (r. d. 377). In-8.

284. *Charles de Lorraine*, duc d'Aumale, gouv. de Paris sous la Ligue. **32** portraits.

285. *Charles de Lorraine*, 1660, par **Nanteuil**. S. marges.

286. *Charles II*, roi d'Angleterre (par **Dalen** d'après Nason). 1er état, avant les noms des artistes. S. mar. Tr. bel. épr.

287. *Charles III*, roi d'Espagne, par **Haid**, manière noire. Gr. in-fol.

288. *Charles-Gustave*, roi de Suède, par **Van Schuppen**. 1668. In-fol. 1er état avant la lettre.
— av. la lettre. 2 p.

289. *Charlotte*, comtesse de Nassau, par **Goltius**. In-fol., rare.

290. *Charles*, aéronaute. 1783. In-4.

291. *Chateaubriand*, d'après Girodet et div. 8 portr.

292. *Châteauneuf de Rochegonne*, arch. de Lyon, par **Pariset** d'ap. Grandon. Gr. in-fol.

293. *Chastillon* (Ch. de), duc de Bretagne. In-fol.

294. *Chaubert*, abbé de Ste-Geneviève, par **Ficquet** d'ap. Barrière. Gr. in-fol.

295. *Chaumont de la Galaisière* 1781, par **Guérin**. In-4.

296. *Chauvier* (P.), gén. des Trinitaires, par **Duponchel**. Gr. in-fol.

297. *Chénier* (Marie-Joseph), 14 p.

298. *Chenu*, de Bourges, 1620. **L. Gaultier**. In-4.

299. *Chesneau* (Jac.), Angevin, par **De Loysi**. In-8.

300. *Chevalier* (Ed.), seig. de Plessis-le-Comte. In-4.

301. *Chevert*, par **G. d'Agoty**. In-4, bel. épr.

302. *Chifflet*, méd., par GALLE. In-4.

303. *Choiseul* (G. de), évêque de Comminges, par MORIN. In-4.

304. *Chopin* (R.), magistrat, par FLIPART d'ap. Jannet. In-fol.

305. *Christine* de Suède, par divers. 10 p.

306. *Clarke*, duc de Feltre, par MASSARD d'ap. Fabre. Gr. in-fol. en haut. Epr. av. la lettre grise.

307. *Claude*, Agénais, ministre, par DESROCHERS. In-8. Beau.

308. *Clément VIII*, par L. GAULTIER, 1601. In-8.

309. *Clément* (H.), proc. au Parl., 1680, par ROULLET d'ap. Lefebvre. In-fol., bel. épr.

310. *Clermont-Tonnerre* (Gaspard de), lieut. du roi en Dauphiné, par L. CAPITAINE. Gr. in-fol.

311. *Clermont-Tonnerre* (Stanislas de), dép. de Paris, gr. au physionotrace et par divers. 9 portr.

312. *Clermont-Tonnerre* (maison de), portraits d'évêques, députés, etc. 14 pièces.

313. *Cloche* (A.), gén. des Prêcheurs, par VALLET d'ap. Maratte. Gr. in-fol.

314. *Clootz Anacharsis*, par LEVACHER, etc. 4 p.

315. *Cochin* (H.), avocat, par DIEN. 3 portr.

316. *Cochin* fils, des. par lui-même, gr. par DAULLÉ. 1754, bel. épr.

317. *Cochin* (J. B.), théol. paris., par VANGELISTY. In-8.
   — *Cochin* (C. N.), graveur, par lui-même, gravé par PRÉVOST. In-8.
   — *Cochin* (Cl. D.), échevin, par PLÉE. In-fol.
   — *Cochin* (H.), avocat, par ICONNET. In-4.

318. *Coetlogon*, évêque de Saint-Brieuc, 1685, par EDELINCK. Gr. in-fol.

319. *Colbert*, par TARDIEU et div. 10 p.

320. *Colbert* (J. B.), évêque de Montauban, 1678, par
BEAUFRÈRE. Gr. in-fol.

321. *Coligny* (famille), par MONTCORNET, DESRO-
CHERS, etc. 25 p.

322. *Collette*, chirurg., par PETIT d'ap. Bréa. In-4.

323. *Collot d'Herbois.* 5 p.

324. *Condé* (le Grand). In-fol. Epreuve av. la lettre.

325. *Condorcet*, etc., par BOILLY et div. 18 p.

326. *Corneille* (buste couronné de Th.), par VALLET
d'ap. Paillet. In-fol.

327. *Corneille* (Pierre et Thomas), par MACRET et div.
38 portr.

328. *Corneille* (Marie), descendante du grand C., meu-
nière près Vernon ; gr. en bistre, par VANGELISTY.
In-fol.

329. *Corneille* (Pierre), par SOLIMAN. 32 exempl.

340. *Corléon* (Bern. de), capucin, 1667, par VER-
MEULEN. In-4.

341. *Cornet* (Jac.), théol. paris., par DEVAUX. In-4.

342. *Corvisart*, méd., par ROY d'ap. Gérard. In-4,
bel. épr.

343. *Cospeau*, évêque de Lisieux, 1646. In-4.

344. *Cossé-Brissac* (de), maréch. de Fr., par LEBEAU
d'ap. Marillier. In-4, tr. bel. épr.

345. *Coster* (Laurent,) imprimeur à Harlem. 6 p.

346. *Cotte* (Robert de), architecte, par DREVET, p. sa
réception à l'Académie, d'ap. H. Rigaud. D. in-fol.
(F. D. 34). Bel. épr.

347. *Cottereau du Clos*, de l'Acad. In-4, bel. épr.

348. *Cotignon* (Urich), chan. de Nevers, 1616, par
MATHEUS. In-8.

349. *Couderc* (P.), du Vivarais, théol., 1689, par
DAVID. In-fol.

350. *Courcelle de Pourlan*, abbesse du Jart, 1651. In-4.

351. *Courtenay* (Anne de), dame de Bontin, par VAN SCHUPPEN. In-fol.

352. *Cousin* (J.), par EDELINCK. Epr. tachée.

353. *Couthon*, député, d'après un dessin de la collec. DESBOUIS et divers. 9 portr.

354. *Coyer* (l'abbé), par FRIÈRE. In-8. 12 exempl.

355. *Crasset* (J.), jésuite, par BAZIN, 1692. In-4.

356. *Crébillon* père, par MOITTE d'ap. De la Tour.

357. *Crébillon*, tragédien, par MASSARD et divers. 16 portr. plus. avant lettre.

358. *Créquy* (Mad. de), duchesse de Villeroy, 1652, par VAN MEERLEN. In-fol.

359. *Crillon*, par VOYER. In-4.

360. *Custines*, par LEVACHER et div. 28 p.

361. *Cuvelier de Tri*, de Boulogne-s.-M., poète. *Lith. Motte*. In-fol. 20 exemp.

362. *Czartoryski* (prince), par SOLIMAN. 3 portr.

363. *Daillon* (Gaspar), évêque d'Alby, par R. LOCHON. In-fol.

364. *Danet* (P.), évêque, par ISAC. In-4, bel. épr.

365. *Danton*, par divers. 18 p.

366. *Daran*, méd. gascon, par MARTINET. In-12.

367. *Daniel de Kvegan*, maire de Nantes, 1790, par GOULET. In-fol.

368. *Daumet de Brinon*, curé de Saint-Séverin, par LUCAS d'ap. Ferret. Gr. in-fol.

369. *Dautun*, Sedanais, assassin célèbre, 1815. 5 p.

370. *David*, par FAZET, grav. à la manière noire. belle épr.

371. — d'après Langlois et divers. 8 p.

372. *Davity*, de Montmartin, 1637, gentilh., par J. PICART. In-4.

373. *Davoust*, maréchal,'gr. en **manière noire**, av. la lettre. Belle ép.

374. — 15 portr. n. et coloriés.

375. *De Bar* (Cath.), fondatrice de l'Adoration perpétuelle, par DREVET d'ap. Courtin. Gr. in-fol.

376. *De Bouques* (Ch.), par MELLAN (M. 174). In-fol.

377. *Debus* (César), fondat. de la Doctrine chrétienne, par DUFLOS. In-fol.

378. *De Cambrai* (Guil.), sieur Digny (de Roye), 1766, par FAUCCI. In-8.

379. *Decormis* (P.), avocat au Parl. de Provence, par CUNDIER. In-4.
— par VANLOO d'ap. Arnulphi. In-fol.

380. *De Court*, doyen de l'église de Paris, par R. LOCHON. In-fol.

381. *De Genoude*, d'après Bazin et div. 6 lith.

382. *Degravers*, oculiste, par MACRET, 1777. Epr. avant la lettre. 2 pl. in-4.

383. *Delacoste*, libelliste. Eau-forte. Anonyme. In-4.

384. *Delahaye*, doyen de Noyon, par TH. VANMERLE. In-fol., tr. rare.

385. *De la Cour* (Didier), 1624, par L. GAULTIER. In-18.

386. *Delacroix*, cordelier, par BOULANGER d'ap. Perrotteau. Gr. in-fol.

387. *Delangle* (J.), de Rouen, 1653, par DAVID d'ap. Lucas. In-4.

388. *Delaplanche*, pharmacien, par CARRÉE d'ap. Charme. In-8.

389. *Delarivière* (Samuel), pasteur français, 1660. In-4.

390. *De la Vau*, Paris. 1589. TH. DE LEU (R. D. 432). In-8, 2ᵉ état.

391. *Delille*, par VANGELISTY d'ap. Pujos, 1777. In-fol.

392. *Delille*, par divers. 8 p.

393. *Delorme* (Phil.), architecte. Bois du XVIe siècle. In-fol.

394. *De Los Rios*, libraire lyonnais, manière noire. In-8.
— Le même : Médaillon in-12.

395. *Delpech*, cons. au Parl., par Roullet d'ap. Largillière. In-fol.

396. *Demachy*, pharmacien. Bosse sc. 1767. 20 exemp.

397. *Demours*, médecin, par Masquelier d'ap. Latour. In-fol., tach. en marge.

398. *Denon*, d'ap. Halbe : eau-forte d'Hillemacher. In-8.

399. — Berthon del. 1825. In-fol. 11 exempl.

400. *Desaix*, par Montsaldi d'ap. Dutertre. Gr. in-fol. en haut.

401. *Descartes*. Soliman sc. et div. 16 p.

402. *Desenne*. Eau-forte et vignettes. 7 pl.

403. *Desgenette* (d'Alençon), méd., par Denon. Eau-forte, médaillon. Avant et av. la lettre. 2 pl. in-8.

404. *Desgouges* (P.), doct. en droit, par Du Vivier d'ap. Tournière. Gr. in-fol.

405. *De Silli*, comte de la Roche-Guyon. Th. de Leu (r. d. 430). In-12.

406. *Desjardins* (Martin), sculpteur, par G. Edelinck. Epr. fat.

407. *Desmarets* (Samuel), Picard, théol. protest., par Mathaur. In-4.

408. *Desmoulins* (Camille), par divers. 16 pièces.

409. *Desrues*, de Chartres, exécuté en 1777, et sa femme. 5 p.

410. *Despont* (Ph.), Paris. 1694, p. Van Schuppen. In-fol. Bel. épr.

41 . *De Vias* (B.), de Marseille (par Mellan). Titre llégorique. (m. 291). In-4.

412. *Didelot* (Rose), d. le ballet de Télémaque, par
REYNOLDS d'ap. Hénard. Bel. épr., lettres grises,
marges.

413. *Diderot*, par CHAILLY et divers. 10 p.

414. *Didier de La Cour* (Dom), par LA GARDETTE.
Epr. avant et av. la lettre. 2 pl. in-8.

415. *Didot* (famille). 8 portr.

416. *Dillon*, dép. de Poitiers. 4 p.

417. *Dorat* (J.), de Limoges. 1596. In-12.

418. *Doublet* (Jac.), Parisien, 1625, par M. LASNE.
In-4.

419. *Doujat*, d'Auxerre, légiste, par LANGLOIS d'ap.
Chevrier; par COSSIN d'ap. Gillet; par COSSIN d'ap.
Siere, avant la lettre. In-4.

420. *Drelincourt*, ministre prot. 1658. In-8.

421. *Drouot*, général. CHARON sc. In-fol. 20 exempl.

422. *Du Bellay* (Martin), par J. PICART. In-4.

424. *Dubois*, docteur, d'ap. GÉRARD. 4 p.

425. *Du Bourdieu*, ministr. prot. de Savoie, par
PETHAM, 1723, d'ap. Fermin. Manière noire. Bel.
épr.

426. *Du Bourg* (tombeau du maréchal) à Strasbourg,
par TARAVAL. Gr. in-fol.

427. *Du Buc* (A.), prêtre, par A. TROUVAIN d'ap. Simon. In-fol. Bel. épr.

428. *Ducher* (J.), d'Angers, minist. protestant. DELF
sc. In-4. Bel. épr.

429. *Ducis*, tragédien. 5 p.

430. *Du Fos* (famille), de Thoulouse, gravé le 1er de
l'an 1646. A Orléans. (Attribué à LOCHON par le
P. Lelong.) Est. in-fol. en long. Très rare.

431. *Dugarnier* (L.), miniaturiste. Avant lettre. In-4.

432. *Dugué*, de Bagnols, magistrat, par GANTREL. Gr.
in-fol. Bel. épr.

433. *Dulau*, d'Allemant, curé de Saint-Sulpice, par
CHEVILLET d'ap. Chevallier. In-fol. Bel. épr.

434. *Dulaure*, historien de Paris (SOLIMAN sc.).
17 exempl.

435. *Du Laurens*, episcopus BELLICENSIS, 1678; par
VALLET d'ap. Dubuisson. Avec thèse imprimée au-
dessous. Placard double. Gr. in-fol. en haut.

436. *Du Laurens*, médecin, 1628. Leçon d'anatomie ;
par L. GAULTIER. In-4.

437. *Du Laury* (Henri), prévôt de Lille, par G. EDE-
LINCK. Belle épr.

438. *Duménil*, garde de la Monnoye à Caen. In-fol.

439. *Dumont* (Jac.), chirurgien, par CHENU. In-fol.

440. *Du Mont Sacré*, poète du Maine. 1587. Bois in-
12.

441. *Dumoulin* (P.), juriste. TH. DE LEU (R. D. 356).
In-8.

442. *Dumoulin* (P.), pasteur de Sedan. Médaillon.
— par ROUSSELET. 2 pl. in-8.

443. *Dumouriez*, par BONNEVILLE et divers. 28 p.

444. *Du Perron* (card.), par L. GAULTIER. In-12.

445. *Dupin* aîné, par SCHEBACK d'ap. Le Canus. Gr.
in-fol.

446. *Dupin* (famille), et caricatures. 32 pièces.

447. *Dupin* (baron). Lith. ENGELMANN. 18 exempl.

448. *Dupleix*, historiographe, par LASNE. In-4.

449. *Duperon*, cardin. arch. de Sens, par LASNE.
In-fol. Avant la lettre.

450. *Duprat* (Cl.), magistrat. Bois in-4.

451. *Du Pré*, ministre prot., par DALEN, d'ap. Bou-
dringien. In-fol. Bel. épr.

452. *Du Préau* (Gab.), 1585. In-4.

453. *Dupuy* (Cl. et J.), par NANTEUIL (R. D. 89). Très
belle épreuve du 1er état.

454. *Du Puy*, par NANTEUIL. In-4.

455. *Du Puy* Montbrun, 1669. In-4

456. *Duquesne*, amiral. 7 p.

457. *Durand* (Samuel), ministre. par LASNE. In-8.
Avant la lettre du socle.

458. *Durand* (J.), architecte, 1834. 13 p.

459. *Durand* (J. B.), par VIEIL. 8 ex.

460. *Durieux* (Th.), théologien, par DESROCHERS et
CRESPY, et dessin original sur vélin. 3 p.

461. *Duroc*, maréchal. 5 p. n. et coloriés.

462. *Dusoul* (Paul), ministre protest., par VAILLANT.
In-4 en manière noire.

463. *Du Tronchet* (Et.), secr. de la royne, 1572. Bois-
Titre, in-12.

464. *Duval* (Andr.), profess. en Sorbonne, par M. LASNE.
In-fol. Bel. épr.
— Le même. In-8.

465. *Duval* (And.), théol. de Paris, par M. LASNE.
In-4.

466. *Du Verdier*, 1583. Bois in-12.

467. *Duvergier de Hauranne*, par BOULANGER d'apr.
Ph. de Champaigne. In-8.

468. — par divers. 7 portr.

469. *Edelheer* (Jac.), Lovan, fecit Frusigdiers. Très
bel. épr.

470. *Egalité*, député de Paris. *Soliman sc.* 7 ex.

471. *Egalité* (le duc d'Orléans, dit), m. 1793, par div.
28 portr.

472. — en roi de pique, par LEVACHER, etc. 8 portr.

473. *Elbène* (d'), évêque d'Orléans, par MELLAN (M.
180). In-fol.

474. *Elisabeth d'Autriche*, reyne douair., par TH. DE
LEU (R. D. 360). In-8.

475. *Elisabeth-Christine*, reine d'Espagne, par SAN-
DRART. In-fol.

476. *Eléonore*, reine de Hongrie, 1653, par SANDRART.
In-fol.

477. *Emery*, de Gex, théolog. 12 p.

478. *Eon* (la chevalière d'), de Tonnerre, en dragon, en
femme. 2 pl. In-8.

479. — La même en habit, par BURKE d'ap. Huquier,
en manière noire. In-4. Tr. bel. épr.

480. — La même en femme, grav. angl. In-8. Jolie
pièce.

481. *Erasme*, d'apr. Holbein. 27 p.

482. *Escalbe*, moine parisien, par HAUNARD. Bel. épr.

483. *Espariat* (Jean), maire d'Aix, par LANTHELME.
In-4.

484. *Esparron*, auteur d'ouvrages sur la chasse, par
BRIOT. In-4. Bel. épr.

485. *Espeisses* (Ant. d'), par MELLAN (M. 182). In-fol.

486. *Espernon* (le duc d'), 1587, par L. GAULTIER.
In-8.

487. *Espernon* (maison d'), par MONTCORNET et div.
10 p.

488. *Est* (Renaud d'), par VAN SCHUPPEN. In-fol.

489. *Estaing* (amiral d'), par divers. 9 p.

490. *Estienne* (Robert), par divers. 15 p.

491. *Estrées* (Jean d'), abbé, par J. AUDRAN d'ap. Rigaud. Bel. épr.

492. *Estrées* (Césor d'), évêque de Laon, par LOCHON
d'ap. Bellot. In-fol. Bel. épr.

493. — par DREVET d'ap. Giffart (F. D. 43). In-fol.
Bel. épr.

494. *Estrées* (maréch. d'), par BLIGNY et divers. 4 p.

495. *Eugène de Beauharnais*. Avant la lettre. In-fol.

496. *Expilly* (Cl.), par TH. DE LEU (R. D. 368). In-8.

497. *Faber* (Nic.), consil. regis, 1612 (*L. Gaultier*). In 8.

498. *Fabert* (Al.), échevin de Metz, par LADANE. In-fol.

499. *Fabre d'Eglantine*, d'ap. Deveria et div. 8 p.

500. *Fabry* (bar. de), par TARDIEU d'ap. Pontès. In-4.

501. *Faipoult*, dess. par sa femme, gr. par DELAU-
NAY. In-4. Bel. épr.
— Autre état avec modification du texte. 2 pl.

502. *Faucher* (les frères). 3 p. et dessin.

503. *Fauchet* (Cl.), historien. *L. Gaultier*, 1610. In-4.
Tr. bel. épr.

504. *Fauchet*, évêq. du Calvados, portr. d. un médail.
allégorique. In-fol. Avant lettre.

505. *Faure* (F.), évêque d'Amiens, 1664, par LANDRY
d'ap. Ringard. Gr. in-fol. Bel. épr.

506. *Faure*, abbé de Sainte-Geneviève, par NANTEUIL.
In-12.

507. — par G. EDELINCK. In-fol.

508. *Fauvel* (H.), prêtre paris., 1716, par JEAURAT
d'ap. Hélart. In-8.

509. *Fébronie de la Tour*, fille de Maurice, duc de
Bouillon, par ZIMMERMANN. In-fol.

510. *Fénelon*, par divers. 30 p.

511. *Ferdinand*, évêque de Paderborn, par G. EDE-
LINCK d'ap. Michelin (R. D. 202). 1er état.

512. *Fernel* (J.), médecin du seizième siècle. In-4.
— par PINCHARD. In-fol.

513. *Feu* (portrait et tombeau de), curé de Saint-Ger-
vais, 1764. 2 pl.

514. *Fevret*, de Saint-Mesmin, par LEBRUN. In-fol.

515. *Fieschi*, régicide, Pépin et Morey. 30 pièces.

516. *Fieubet* (de), conseill. d'Etat. Buste allégorique.
In-fol. Avant lettre.

517. *Fléchier*, par DUFLOS et div. 12 p.

518. *Fleury* (card. de), par HOUBRAKEN d'ap. Rigaud.
In-4.
— par THÉVENARD. In-4.
— par BODENER. Gr. in-fol. manière noire.

519. *Flise* (Laur.), archev. d'Avignon, par BOUYS, en manière noire. In-4.

520. *Flancel*, avocat, par FESSARD d'ap. Vigeon. In-12,
— par BENOIST. In-4.

521. *Florian*. Soliman sc., etc. 31 ex.

522. *Florimond de Roemond*, de Bordeaux, par TH. DE LEU. In-12 (R. D. 481). Tr. bel. épr.

523. *Floriot*, prêtre, par HABERT. In-fol.

524. *Florisz* (P.), amiral hollandais, par HOUTEYN d'ap. Lietz. Gr. in-fol.

525. *Fontenelle*, par LANGLOIS. In-fol. 4 ex.

526. *Forbin d'Oppède* (Anne de), m. à Avignon en 1631, par CUNDIER. In-4.

527. *Fortin de la Hoguette*, archev. de Sens, par HABERT d'ap. Lefebvre. In-fol.

528. *Foix* (F. de), abbesse de Saintes, par ROUSSE-LET. Gr. in-fol. Bel. épr.

529. *Fossé* (J. duc), évêque de Castres. Gr. in-fol.

530. *Foucault*, conseill. du roi, 1698, par VAN SCHUP-PEN d'ap. Largillière. In-fol. Tr. bel. épr.

531. *Fouché*, par BONNEVILLE et autres. 14 p.

532. *Fouquet*, abbé de Barbeau, par NANTEUIL (R. D. 9). In-fol.

533. *Fouquet de Belle-Isle*, duc de Gisors, par JOHN-SON d'ap. Rigaud. In-fol., manière noire. Tr. beau.

534. *Fouquet* (F., évêque de Bayonne et d'Agde, par HURET d'ap. Bourdon. Bel. épr. Rare.

535. *Fourcroy* (Ch. de), de Noyon, par FREY. In-8. Tr. bel. épr.

536. *Fourcroy*, chimiste, d'ap. Dumont et div. 4 p.

537 *Fourrier* (P.), de Mataincourt, par Veyen, Desrochers, etc. 11 p.

538. *Fourrier* (Ch.), par Calametta. Pl. d. in-fol.

539. *Foy*, général, par Lefèvre d'ap Vernet. Avant
et av. la lettre. 2 pl. Gr. in-fol.

540. — par Tardieu et div. 26 p.

540 *bis. Foy-Vaillant*, de Beauvais, antiquaire, par
Habert. In-fol.

541 *Framboisier de Beaunay*, subdélégué de Rouen,
par Benoist. In-4.

542. *Franciscus Stephanus Aquens*, senat., par L.
Gaultier, 1618. In-8.

543. *François de Valois*, dauphin, par Th. de Leu
(R. D. 371). In-8.

544. *François de Bourbon*, duc de Montpensier, par
Miger d'ap. le Monnier. In-8. 1ʳ épreuve avec note
explicative de M. Soliman.

545. *François de Paule*, fondat. des Minimes. In-4.
— par Lasne. In-fol. en larg.

546. *François*, duc d'Anjou, par L. Gaultier. In-8.

547. *François de Sales*, év. de Genève, par Chauveau
et div. 6 port.

548. *François Iᵉʳ*, duc de Bretag. et Isabeau d'Ecosse,
par Dossier d'ap. Hallé. In-fol.

549. *François II*, roi de Fr., par divers. 11 p.

550. *Franklin*, d'ap. Bonneville et divers. 16 p.

551. *Frédéric II*, roi de Prusse, par Fritzsh d'ap.
Pesne. Gr. in-fol. raccommod.

552. *Frédéric II*, par Marais et divers. 14 p.

553. *Frédéric-Auguste*, roi de Pologne, par Drevet
d'ap. de Troy (F. D. 107). D. in-fol., superbe épr.,
marges. 1ᵉʳ état.

554. *Frédéric Guil.*, électeur de Brandebourg, duc de
Prusse, 1683, par Masson (R. D. 30). In-4.

555. *Fréteau*, député de Melun. 9 p.

556. *Fréteau* de Pény (le baron et la baronne), lith. par HIRSCH d'ap. Flandrin. 2 pl. gr. in-fol.

557. *Froben*, imprimeur, d'après Holbein. 10 p.

558. *Froger* (G.), curé de Saint-Nicolas du Chardonnet, par ROUSSEL. In-4.

559. *Fronteau* (J.), génovéfain, par NANTEUIL, 1663. Etat av. texte au verso dont le dernier mot est « demulceat » et non *demulcent*, comme l'indique Rob. Dumesnil.

560. *Fualdès* (procès) à Alby, 1818. 14 pièces.

561. *Furetière*, de l'Académie, par G. EDELINCK (Epr. fat) et Habert. In-4.

562. *Fyot* (Cl.), abbé de Saint-Etienne de Dijon, par PETIT. In-4.

563. *Gaillard* (Jac.), prof. à Leyde, par CAPPOS. In-fol.

564. *Gall*, médecin. 5 pl.

565. *Galland* (Et.), par DAULLÉ. Tr. bel. épr.

566. *Gamaches* (Ph.), théol., par L. GAULTIER. In-fol.

567. *Garnier* (Rob.), du Maine, par L. GAULTIER, 1604. Titre in-12.

568. *Gasse*, de la Chapelle impériale. LA RICHARDIÈRE sc. In-4. 4 exempl.

569. *Gaston de Foix*, par POPELS d'ap. Bellino. In-4.

570. *Gaston d'Orléans*, par MONTCORNET. In-4.

571. *Gaudart* (Jac.), Paris., par DUFLOS d'ap. Largillière. Gr. in-fol.

572. *Gault* (J.), év. de Marseille, par N. LASNE, av. dédic. de l'artiste aux gouverneurs. In-4.

573. *Gauthier* (J.), chirurg., par GAILLARD d'ap. Vallière. Gr. in-fol.

574. *Gauthier* (Anne), femme d'Aved, par BALECHOU. In-fol.

575 *Genlis* (madame de), d'après Deveria. In-8. 13 exempl.

576. *Geoffroy* (M. F.), méd. paris., par CHÉREAU d'ap. Largillière. Gr. in-fol. superbe.

577. *Georges* (Cadoudal), chef de brigands, an XII. In-4.

578. *Georges* (mademoiselle), et Mademoiselle Bourgoin, actrices, d'ap. Dubois. In-fol.

579. *George Sand*, d'après Mercier et div. 14 p.

580. *Gérard*, de Rennes, cultivateur, par BONNEVILLE et div. 3 portr.

581. *Gerbier*, d'après Houdon et div. 4 p.

582. *Géring*, typographe parisien, 1469, par BOUDAN. In-8.

583. *Gessner*, rendu à main levée, par BERNARD. In-fol. ; — par FICHER d'ap. Graff. In-fol.

584. — Par INGOUF, 1786, d'ap. Le Barbier. In-8. — Anonyme. In-8.

585. — Buste entouré d'allégories. In-4. Tr. bel. épreuve.

586. — Par CAZENAVE et div. 17 p.

587. *Giffard*, évêque de Madaure, par DUBOSC. In-fol.

588. *Gilbert*, de Cangé. In-4.

589. *Gilbert*, de Pontchâteau, franciscain tourangeau, par HAUSSARD. Gr. in-fol., bel. épr.

590. *Gillet*, conseil. du Roi, par J. AUDRAN d'ap. Toctebat. In-4.

591. *Gillet* (P.), proc., 1713, par DREVET, d'ap. Rigaud (F. D. 68). D. in-fol., bel. épr.

592. *Girard*, poète dijonnais, 1558. Bois in-12.

593. *Giraud*, arch. de Cambray. 3 lith.

594. *Gleize*, oculiste, par PAYEN. 8 portr.

595. *Glou*, commiss. au Châtelet, par LEFORT d'ap. Dumesnil. In-fol.

596. *Gobinet* (Ch.), principal du Collège du Plessis, par G. Edelinck. Marges.

597. *Godefroy* (Denis), par Aubry ; — par J. de Heyden. — Anonyme. 3 pl. in-8.

598. *Gomont* (Jean de), conseil. au Parl., 1665, par Lombart d'ap. Vanloo. Gr. in-fol., tr. bel. épr.

599. *Gondrin* (L. de), arch. de Sens, par Masson, 1673. 1ᵉʳ état (R. D. 31). Belle épreuve.

600. *Gondrin* (L. H. de), arch. de Sens, par Frosne. In-fol.

601. *Gondy* (F. de), archev. de Paris, 1645, par Daret. In-fol. 1ᵉʳ état.

602. *Gonnières* (Cl.), Parisien, par L. Gaultier, 1612. In-12.

603. *Gottvaldt* (Arist.), médecin, par G. Edelinck. Bel. épr.

604. *Gouvion Saint-Cyr*, par Friesinger et div. 11 port. n. et coloriés.

605. *Grandjean*, oculiste liégeois, par Gaillard d'ap. Deshays. In-fol.

606. *Grangier* (Balth.), évêque de Tréguier, 1654, par Rousselet. In-fol.

607. *Grasse* (comte de), 1782. In-8.

608. *Gravel* (R.), sig. de Voivre, par Thourneyser d'ap. Rachel. Gr. d. in-fol.

609. *Grégoire*, évêque de Blois, par Bonneville et divers. 10 portr.

610. *Grévin* (J.), médecin de Clermont, Beauvaisis, 1563. Bois in-12.

611. *Grillot*, chan. de Chablis, mis au carcan, 1731. In-4.

612. *Grimod de la Reynière*, portrait au physiono-trace. 6 exempl.

613. *Griot* (Th.), pasteur wallon, 1817. In-fol.

614. *Gravius* (Daniel), ministre holl., par Muni-
chinen. Très bel. épr. av. marges.

615. *Gryphe* (Séb.), typographe lyonnais, 1556. Bois
gravé. In-8, tr. rare.

616. *Gudin*, de Montargis, général, par Lesuive.
8 exempl.

617. *Guéménée* (princesse de), par Leblond. In-4.

618. *Guénaud*, médecin empirique, par Rousselet.
In-fol.
— Le même In-4.

619. *Guerville* (Jac. de), rector Cadomo, 1670, par
Restout. In-fol., tr. rare.

620. *Guichard*, prof. au Conservatoire, par Miger.
In-4.

621. *Guilain*, baron de Sainte-Peeters, par Chevillet.
In-fol.

622. *Guldenleu*, comte de Samsoye, colonel danois,
par Drevet d'ap. Rigaud. D. in-fol. Epreuve avant
l'écusson armorié et la lettre. « Rarissime », écrit
M. Didot, qui n'en cite qu'une épreuve conservée au
Cabinet nat. des Estampes à Vienne.

623. *Guillaume*, prince d'Orange, par Baléchou d'ap.
Aved. Gr. in-fol.

624. *Gustave-Adolphe*, par Odieuvre et div. 10 p.

625. *Guttemberg et Faust* av. atelier d'impr, en 1639.
In-4.

626. *Guttemberg*, inventeur de l'imprimerie, d'après
Thevet et divers. 20 p.

627. *Guyot Desfontaine*, de Rouen, par Schmidt d'ap.
Tocqué. In-8, bel. épr.

628. *Habert* (Françoise), religieuse, par Mellan,
(m. 253). In-12.

629. *Habicot*, litt. Th. de Leu (r. d. 384). In-8.

630. *Halma* (Fr.), litt., 1722, par Ottens. In-fol.

631. *Hameau,* curé de Saint-Paul, à Paris, par G. EDE-
LINCK. Marges.

632. *Harcourt* (le comte d') au siège de Turin, par
SERGENT. Pl. en coul.

633. *Harlay* (Fr.), arch. de Rouen, par R. LOCHON
d'ap. N. Loys. In-fol. s. marges.

634. *Harrouel,* vice-roi de Catalogne, par ROUSSELET,
1653. Epr. avant lettre.

635. *Haslé* (L.), doct. en Sorbon., par VERMEULEN
d'ap. Cany. In-fol.

636. *Hassard* (Pierre), médecin d'Armentières, 1568.
In-12. Bois gravé.

637. *Hautin,* conseil. au Châtelet (P. MARIETTE, 1672).
In-4.

638. *Havenberer,* procureur de Marée, philosophe, par
HAID. In-fol., man. noire.

639. *Hébert* (F.), évêq., par THOMASSIN d'après Du
Mée. Gr. in-fol.

640. *Hébert*, arch. de Bourges, né à Clermont-en-
Beau, par M. LASNE. In-fol.

641. *Herbin*, centenaire de Dun, par LAURENT. In-4.

642. *Hébrard*, chir. de Paris, par COSSIN d'ap. Sicre.

643. *Heere* (Nic. de), Limousin, par L. GAULTIER.
In-12.

644. *Henri, II*, roy de Fr., TH. DE LEU, av.
4 vers au bas (R. D. 387). In-8.

645. *Henri III*, obiit 1589. In-8.

646. *Henri III*, roi de Fr. 15 portraits in-12.

647. *Henri IV* à cheval, couronné par les anges,
L. GAULTIER, 1610. Jolie composition allégorique,
rare.

648. — couronné de lauriers, par L. G. In-8.

649. — dans un ovale. av. quatrain au bas, L. G.
In-8.

650. *Henri IV* en Hercule gaulois, par TH. DE LEU (R. D. 416). Second état.

651. — Frontispice p. la *Henriade*. *Eisen inv.* LONGUEIL sc. In-8. 25 exempl.

652. — Frontispice, par L. GAULTIER. 1613. In-8.

653. *Henri IV.* 24 portraits.

654. *Henry*, prince de Condé, par L. GAULTIER. In-8. Beau.
— Le même à onze ans, fig. équestre.

655. *Henri II de Bourbon* pr. de Condé, par ROUSSELET, édité par Paillot, de Dijon. In-fol. avant lettre.

656. *Henry de Lorraine*, marquis du Pont. TH. DE LEU (R. D. 442). In-8.

657. *Henry de Savoie-Nemours.* 1597 (par L. GAULTIER). In-8.

658. *Henry*, duc de Montpensier. TH. DE LEU f. (R. D. 464). In-8.

659. *Henry*, duc de Montpensier (par L. GAULTIER). *Collect. Mariette*, 1693.

660. *Henry* (le P.), de Palaiseau, par LASNE. In-12.

661. *Henriette de Lorraine*, coadjutrice de N.-D. de Soissons, par VAN SCHUPPEN d'ap. Barthélemy. In-fol.

662. *Hideux* (L.), curé des Saints-Innocents, par DREVET d'ap. Delescrinierre (F. D. 72). Bel. épr. marges.

663. *Hoche*, par A. VARIN et divers. 29 portraits.

664. *Hoin*, chir. de Dijon, par son fils. In-4.

665. *Hotman* (F.), pamphlétaire. 1599. Portr. après décès. In-8.

666. *Hotman* de Fontenay, intendant des finances. Gr. in-fol. Bel. épr.

667. *Hurson*, intend. de Toulon, 1771. In-4.

668. *Huyghens*, mathématicien, par G. EDELINCK. 1er état.

669. *Hyacinthe* (le père) des Carmes. 4 portr.

670. *Innocent X*. Innocent XI. 7 portraits.

671. *Innocent Calatayer*, capucin-visiteur des prov. de France, par BOULANGER. In-8.

672. *Imbault*, marchand de musique. LA RICHARDIÈRE sc. In-4. 20 exempl.

673. *Jean Bart*, par POIRIER, de Dunkerque, TARDIEU, etc. 8 p.

674. *Jean de Bourbon*, comte d'Auguyon (par L. GAULTIER). In-8.

675. *Jean-Frédéric*, duc de Brunswick, 1674, par NANTEUIL. (R. D. 111). Grandes marges.

676. *Jeannin* (P.), prés. du Parl. de Bourgogne, par NANTEUIL. Bel. épr.

677. *Joly*, traduct. de Milhau. GAUCHER d'ap. Garand. In-12.

678 *Joly* (Mlle), actrice. 15 portraits in-8.

679. *Jomelli*, musicien, par DELALIVE. In-4.

680. *Jonghe* (J. de), par MATHAM. Tr. bel. épr.

681. *Jordan* (J. L.), par CHEVILLET d'ap. Falbe. Gr. in-fol. Très belle épr. à toutes marges.

682. *Jeaurat* (Edme), astron. paris., par JACQUINOT d'ap. Gois. In-4.

683. *Joseph II*, empereur d'Autriche. Manière noire. Gr. in-fol.

684. *Joséphine*, impératrice, par GODEFROY et divers. 60 portraits.

685. *Joubert* (Laurent), Dauphinois, méd. 1579. Bois in-4.

686. *Jourdan* (Limousin), maréchal de Fr., par LEVA-CHER et divers. 29 portr.

687. *Jouvenet*, gravé par TROUVAIN. In-fol. Belle pièce.

688. *Jouy* (E. de), d'après Isabey. 6 portraits.

689. *Jove* (H.), banquier, par BOULANGER d'ap. François. In-fol.

690. *Jubert* (Jacq.), marquis du Thil., 1676, par TROU-
VAIN. Gr. in-fol.

691. *Kellermann*, duc de Valmy. Portraits noirs et
coloriés. 16 pièces.

692. *Kergariou*, marin breton, par DEMARTEAU. In-
fol. Manière noire. Bel. épr.

693. *Kosciusko*, par FIETTA. In-4.

694. *Kléber*, par ALIX. En pied. Manière noire. Gr.
in-fol. en haut. Tr. bel. épreuve.

695. — 50 portraits variés.

696. *Labadie* (J.), chan. d'Amiens, puis calviniste.
3 portr. in-4.

697. *La Barrière* (J. de), TH. DE L. f. (R. D. 427). In-
32.

698. *Labbé* (Ch.), avocat. Paris. Avec texte imprimé
au bas. In-fol.

699. *Labrosse* (A. de). veuve Habert (par MELLAN ou
DURET. M. 255). In-4.

700. *La Brunetière*, epis. Santonensis, 1687, par LAN-
GLOIS d'ap. Boulogne. Gr. in-fol.

701. *La Bruyère*, par SAVART et div. 12 port.

702. *Las Cases* (comte de), par BENOIT et divers.
5 port.

703. *Lacenaire*, de Lyon, assassin célèbre. 6 port.

704. *La Chalotais*. 4 port.

705. *La Chasteigneraye*, présid. du parl. d'Aix, par
CUNDIER, d'Acqs. In-fol.

706. *La Chastre* (A. de), par COQUERET d'ap. Bouché.
In-fol. man. noire.

707. *Lacordaire*. 9 portraits.

708. *La Coste*, fabricant de libelles, au pilori, 1760.
2 pièces in-4 et in-12.

709. *Lafarge* (Mme), de l'Aisne. 11 port.

710. *La Fayette*, portrait emblématique composé par LAGARDETTE fils. In-fol. 52 ex.

711. *La Fontaine*, d'ap. Rigaud et div. 46 p.

712. *La Forge*, général de l'ordre des Mathurins, par G. EDELINCK, s. marges. 1er état (tr. rare). On lit sur la face de la console : *Offerebat F. Joannes Guyonneau ejusdem ordinis*. Inconnu à Robert Dumesnil (R. D. 231).

713. *La Grand Maison*, conseill. des Monnaies, par LOMBART. Gr. in-fol.

714. *La Guérinière*, prof. d'équitation, par ADAM, THOMASSIN et TARDIEU. 3 pièces.

715. *Laigneau* (David), Provençal. In-4.

716. *Lally-Tollendal*, député. 6 port.

717. *Lamarche*, abbé de Grandmont, par VERMEULEN d'ap. Sparsever. Gr. in-fol.

718. *Lamarche* (J.), év. de Léon, par SKELTON (1792) d'ap. Daulon. Tr. gr. in-fol. en haut. Bel. épr.

719. *Lamartine*, lith. MASSARD. Gr. in-fol.

720. *La Martonne*, év. de Limoges, par L. GAULTIER. In-12.

721. *Lameth* (Ch. de), dép. d'Artois. 8 port.

722. *Lamoignon* (Guill. de), prés. au Parlement, par NANTEUIL (R. D. 119).

723. *Lamoignon* (Madeleine de), par EDELINCK d'ap. de Sève (R. D. 234). 1er état.

724. *Lamoignon* (Guil.), chancelier. Carré in-4, anonyme. Bel. épr.

725. *La Mothe-Houdancourt* (duchesse de), par POILLY. In-fol.

726. *La Motte-Piquet*, par DE SAINT-AUBIN d'ap. Cochin. In-4.

727. *La Martinière*, médecin, par LEBEAU d'ap. Desrais. In-4. Bel. épr.

728. *Langeron* (général), par WRIGHT. In-fol. Bel. ép.

729. *Languet*, archev. de Sens, 1753, par GAILLARD d'ap. Chevalier. In-fol. Bel. épr.

730. *La Pérouse*, marin célèbre. 20 portraits.

731. *La Peyronie*, médecin. In-8.

732. *La Plancque* (Mic. de), par GOLE. Manière noire. Epreuve et contre-épreuve. 2 pl. in-4

733. *La Poupelinière* (l'homme à la cheminée), fermier général, par BALECHOU. Tr. bel. épreuve. Rare.

734. *Laquiante*, de la Réunion des arts, LA RICHARDIÈRE sc. 1808. 20 portraits avant le nom.

735. *Larcher*, prés. de la Chambre des comptes, par NANTEUIL (R. D. 122). 1er état. Rare.

736. *Larcher*, abbé de Cîteaux, par BAZIN d'ap. de Cany. Gr. in-fol. Bel. épr.

737. *Larisse*, peintre liégeois, en manière noire, d'ap. lui-même. In-4.

738. *La Rochefoucault*, gouv. du Poitou, 1650, par BACHELIER. In-fol.

739. *Laroque* (P. de), seign. de Waranghelle, secrét. du roi, 1656, par FROSNE. In-4.

740. *La Roquette* (Gab. de), évêque d'Autun, par CHASTEAU. In-fol.

741. *Larrey*, médecin, par TARDIEU et divers. 6 portraits.

742. *La Salle* (Mic.), général, par CHATELAIN d'ap. Duplessis-Bertaux. Eau-forte et pl. terminée. 2 p. in-4.

743. *Lasalle*, général. 5 portraits.

744. *La Tour d'Auvergne*, card. de Bouillon, par MASSON d'ap. Mignard (R. D. 14). Second état. Bel. épr.

745. *La Tour d'Auvergne* (mort de), an VIII. In-fol. Manière noire.

746. *La Trémoille* (Calliope de), abbesse de Pont-aux-Dames, 1682, par Trouvain d'ap. De Troy. In-fol. Bel. épr.

747. *La Trémoille* (maison de). Portraits de Montcornet, Daret, etc., armoiries et fac-similé. 34 pièces.

748. *Lattaignant*, chansonnier. 6 portr. in-12.

749. *La Vie* (G. de), Bordelais, 1664, par Van Schuppen. In-4.

750. *La Voisin*, empoisonneuse, par Chasteau. In-fol. Rare.

751. *Laurencin*, abbé de Foucarmont, 1784, par Mariage d'ap. Robin. In-fol. Tr. bel. épr.

752. *Laurent* (Andr.), médecin de Henri III. In-4. Titre-portrait. In-fol. 2 pl.

753. *Law*, banquier, par Langlois d'ap. Hubert. In-fol.

754. *Le Baud*, chanoine de Vitré. Tiré de Montfaucon. In-fol.

755. *Leblanc de Castillon*, d'Aix, par Beisson, 1790, d'ap. Duplessis. In-fol. Tr. bel. épr.

756. *Leboux*, évêque de Dax et de Mâcon, 1665, par Vallet d'ap. Paillet. In-fol.

757. *Le Camus* (Mic.), par Van Schuppen. Bel. épr.

758. *Le Caron* (Charondas), Paris. In-fol.

759. *Lecat* (de Blérancourt), médecin, par Henriquez. In-fol. Bel. épr.

760. *Le Coigneux*, prés. du Parl., par Nanteuil. In-fol.

761. *Lecomte*, de Noyon, magistrat, 1577. Bois in-12.

762. *Le Cornier*, sieur de Sainte-Hélène, 1665, par Et. Picart. 1er état, avant les noms.

763. *Lescombat* (madame), criminelle. 2 portr.

764. *Lefebvre* (Nic.), maître des requêtes, par Frosne. In-4.

765. *Lefèvre*, maréchal, par **Charron** d'ap. Martinet.
Manière noire. Avant et av. la lettre. 2 pl. gr. in-
fol. Bel épr.
— par **Friesinger**. In-fol. Tr. bel. épr.

766. *Lefèvre*, maréchal, par **Couché** et divers.
20 portr.

767. *Le Fèvre d'Ormesson*, maître des requêtes, par
Masson. 1er état (**r. d.** 58). Tr. bel. épr.

768. *Legouest*, sous-préfet du 5e arrondissement de
l'Aube, par **Miger**. In-4.

769. *Legras* (madame), fondatrice des Filles de la cha-
rité, par **Duchange**. In-fol.

770. *Lejeune*, premier basson, par **Miger**. In-8.

771. *Legendre*, chan. de Paris, par **Drevet** d'ap. Jouvenet (**f. d.** 85). In-fol.

772. *Lemaistre* (Ant.), avocat, par **Habert** d'ap. Ph.
de Champagne. In-fol.

773. *Le Maistre* (A.), 1658, par **Daret** et div. 5 portr.

774. *Le Maire* (Isaac), par **Gole**. Manière noire.
In-4.

775. *Le Masson*, ingénieur (de Lyre-s.-Rille), 1826.
Lith. Boucher. Double in-fol. en haut.

776. *Lemoyne* (Alp.), théologien, par **Gantrel** d'ap.
Platte Montagne. In-fol.

777. *Lenoir*, lieut. de police. In-4. Epr. avant l'a-
dresse d'Esnauts.
— par **Courteille**. In-fol. tiré en rouge.

778. *Lenoir* (Cl.), du Port-Royal. In-fol.

779. *Léonard*, capucin de Paris, 1641. In-4.

780. *Le Pelletier. Saint-Fargeau*, assassiné le 20 jan-
vier. Chez Jean. In-fol. Tr. bel. épr. à toutes marges.

781. *Le Pelletier*, seign. des Touches, par **Habert**.
In-fol.

782. *Le Pelletier* (L.), conseiller, 1688, par **Van
Schuppen** d'ap. Largillière. Bel. épr. av. marges.

783. *Lepelletier*, député à la Convention. Portraits-médaillons, chez Benoist (Epreuve d'essai) et divers. 4 pièces.

784. *Lepelletier*, premier martyr de la liberté. Buste couché (par DENON d'après David). Avant le nom des artistes. Rare.

785. *Lépine* (Ch. de), Paris., médecin, 1777, par de ST-AUBIN. In-4. Bel. épr.

786. *Leroy*, médecin, par QUENEDEY, etc. 3 port.

787. *Lesdiguières* (F. de), 1596, par TH. DE LEU (R. D. 436). In-8.

788. *Lesdiguières*, connétable, par MONTCORNET et divers. 17 portr.

789. *Lestang* (de), prés. au Parl. de Toulouse, 1615, par L. GAULTIER. Bel. épr.

790. *Lespine* (René de), Croisiquais, 1657, par DUPRÉ. In-4.

791. *Le Tellier Barbezieux*, d'ap. Mignard. 9 portr.

792. *Le Tellier*, ministre, par NANTEUIL, 1658 (R. D. 129). 1er état.

793. Le même, par NANTEUIL, ornements de Chauveau et J. Boulanger (R. R. 133). Bel. épr.

794. *Le Tonnellier-Breteuil*, marquis de Fontenay, par JOULLAIN d'après Vanloo. In-4.

795. *Le Thieullier*, médecin, 1743. In-8.

796. *Létuandère* (marquis de), par HUBERT d'ap. Graincourt. In-4.

797. *Levasseur* (Cath.), gouvernante de J.-J. Rousseau, par NAUDET, av. l'eau-forte et le croquis. 3 pièces.

798. *Lévis* (Marie de), 1781, par GREEN. Manière noire. In-fol.

799. *Lherminier*, du Perche, ch. de St-Claud, par CHENU. In-4.

800. *Lhermitte de Souliers*, gentilhomme. In-4.

801. *Lhôpital* (Guil. Fr. de), comte de Saint-Mesmes, par G. EDELINCK. In-fol. marges.

802. *Lhôpital*, duc de Vitry, par MONTCORNET, etc. 4 portr.

803. *Ligny* (D. de), évèque de Meaux, 1661, par NANTEUIL. Raccom.

804. *Lilli* (Camille), historiographe. In-fol. Bel épr.

805. *Liotard*, dess. et gr. par lui-même. Anonyme. 2 eaux-fortes. Rares.

806. *Livry* (Mic. de), abbé de Sainte-Colombe de Sens, Superbe épr. avant lettre.

807. *Loizerolles* (Charlotte de), femme d'Aved, par BALECHOU. In-fol. Bel. épr.

808. *Longueil* (René de), seign. de Maisons, par GASPAR ISAC. In-fol. en long.

809. *Longueil* (Chr. de). In-8. Bois.

810. *Longueval* (de), comte de Buquoy, par MONTCORNET. 4 portr.
— par P. DE JODE. In-fol. et in-4.
— par SADELER. In-fol.

811. *Lorraine* (la), réunie à la France. Allégorie de C. N. Cochin.

812. *Lostanges* (de), maréchal de camp, 1765, par DE MÉCHEL. In-fol. Marges.

813. *Loubbaissin de Lamarque*. In-8. Bel. épr.

814. *Louis XIII*, buste (1618), par BRIOT. In-4.
— par GAUTIER D'AGOTY. In-fol. Manière noire.
— par B. PICART. 1729.
— par CLERCK. In-4.

815. *Louis XIII*, par L. GAULTIER. 1621. Titre allégorique. In-fol. Belle pièce.

816. — par KILIAN et divers. 30 pièces.

817. *Louis XIV*, allégorie dite *Thèse de la Paix*, par EDELINCK d'ap. Lebrun. Grande pièce en deux feuilles (R. D. 259). Fatigué.

818. *Louis XIV*, par VAN SCHUPPEN. 1662. Epreuve sur soie.

819. — par GIFFART et divers. 25 pièces.

820. *Louis XV*, par PETIT, médailles gravées, etc. 16 pièces.

821. *Louis XV*, vignette emblématique, par MIGER. In-4.

822. *Louis XVIII*, par LECERF et divers. 26 portr.

823. *Louis de France*, duc de Bourgogne, m. en 1712. Port. in-fol. 30 exemp.

824. *Louis*, dauphin, 1729-65. 12 p.

825. *Louis-Auguste*, prince de Dombes, par DREVET d'ap. de Troy (R. D. 61). In-fol. Tr. bel. épr.

826. *Louis*, duc d'Orléans, par P. DREVET d'ap. Coypel (F. D. 105). In-4. Bel. épr.

827. *Louis de Valois*, duc d'Angoulême, né à Clermont en Auv., par MELLAN (M. 239). In-fol.

828. *Louis-Philippe d'Orléans*, 1814, par LIGNON d'ap. Gérard. Gr. in-fol.

829. *Louis*, médecin, par MIGER d'ap. Chardin. In-4. Bel. épr. av. la lettre.
— av. lettre. 2 pl. in-4.

830. *Louis de Suze*, général, par HEYDEN. In-4.

831. *Louise de la Miséricorde* (la Vallière), par GOLE. In-fol.

832. *Loustaunau*, chirurgien, par MIGER. In-fol.

833. *Louvard* (F.), bénédictin de Saint-Maur. In-fol.

834. *Louvel*, de Versailles, 1820, 16 portr.

835. *Louvet*, auteur de *Faublas*, par ADAM. 6 portr.

836. *Loyseau* (Ch.), bailli de Dunois, par GASPAR ISAC. Bel épr.

837. *Luc* (Jean), Parisien, 1569. Bois in-fol.

840. *Luckner*, général en l'an II, par BONNEVILLE, etc. 6 port.

841. *Luther* et Alb. Durer, par **Hall**. Port.-médaill. in-4 en larg.

842. *Mabilleau*, de l'Oratoire, 1734. In-fol.

843. *Mably* (de Grenoble), par **Pujos** et **Vinsac**. Avant et après la lettre. 2 portr.

844. *Macdonald*, par **Levacher** et divers. 12 portr.

845. — par **Maradan** d'ap. Boze. En pied, man. noire. Gr. in-fol. en haut. Bel. épr.

846. *Macé* (J.), théol. de Paris, génér. des Franciscains, par **Aubert** d'ap. Dequoy. Gr. in-fol.

847. *Madeleine de Saint-Joseph*, carmélite, par **Boulanger**. In-4.

848. *Maillard*, conseiller à Dijon, par E. **Picart**. Gr. in-fol.

849. *Maillebois*, maréch. Pl. allem. coloriée.

850. *Maimbourg* (Louis), par **Habert** (avant les vers et le millés.) et divers. 3 portr.

851. *Maine* (le duc du), par **Le Pautre** d'ap. A. Dieu. In-4.

852. *Maittaire*, bibliographe, par **Faber** d'ap. Danderige. Manière noire. In-fol. Bel. épr.

853. *Malebranche*, par **Odieuvre** et **Hecquet**. 2 p.

854. *Mallier du Houssay*, évêque de Troyes, par **Huret** d'ap. Girard. In-fol. Bel. épr.

855. *Maloët*, médecin, par **Lingée** d'ap. Cochin. In-fol. Bel. épr.

856. *Mandrin*, par **Petit**. Peint et gravé à Bourg en 1754. Rare, 2 portr.

857. *Manuel* (J.), homme sans ventre (1810). In-8.

858. *Manuel*, député de la Vendée. 9 portraits.

859. *Manuce* (P.), 1579. In-fol.

860. *Marat*, l'Ami du Peuple. Buste fort comme nature colorié av. encadrement de lauriers et rosaces tricolores. Gr. in-fol.

861. *Marca* (P. de), arch. de Paris, par VAN SCHUPPEN d'ap. Vanloo. In-fol.
— par BERNIGEROTH. In-fol.

862. *Marceau*, par FRÉMY et divers. 20 portr.

863. *Marchand*, censeur royal, par LINGÉE d'ap. Pujos. In-4.

864. *Margry* (P.), bibliothécaire à Paris, par MAUDUIT d'ap. Th. Couture. In-4. Rare.

865. *Marie Stuart*, par BERTHOUD, MONVOISIN, etc. 20 portraits.

866. *Marie de Médicis*, par divers. 14 portr.

867. *Marie de Médicis*, en déesse de la Justice, par L. GAULTIER. Jolie pièce in-4.

868. — La même dans un ovale. L. GAULTIER, 1603. In-8.

869. *Marie-Thérèse*, reine de France. Manière noire. In-fol.

870. *Marie-Thérèse*, reine, 1774, par CATHELIN d'ap. Ducreux. In-fol.

871. — Lot de 10 portraits.

872. *Marie Leczinska*, reine, par divers. 11 portraits.

873. *Marie-Thérèse*, dauphine (1765), par divers. 5 portr.

874. *Marie-Louise*, par RIBAULT d'ap. Bosio. Epr. avant et avec la lettre. 2 pl. in-fol. Bel. épreuves.

875. — En pied. gr. in-fol. en haut.

876. *Marie-Louise*, impératrice. 12 portraits.

877. — Portraits coloriés, 5 pièces.

878. *Marie de Lorraine*, veuve du duc d'Alençon, par VAN SCHUPPEN. In-4. Tr. bel. épr.

879. *Marie*, impératrice, veuve de Maximilien, par SUYDERHOEF. In-fol.
— *Marie-Caroline*, sa fille, par VISSCHER. Gr. in-fol.

880. *Marie-Thérèse*, mère de Marie-Antoinette, par

LIOTARD; à la plume par le chev. de Berny, etc. 12 pièces.

881. *Marin de la Châteigneraye*, secr. du Roy, 1672, par MASSON (R. D. 50). In-4.

882. *Marillac* (L. de), maréchal de France. Michel, chancelier, par LASNE. 2 pl. in-fol. formant pendants. Tr. bel. épreuves.

883. *Marlorat*, ministre protestant. In-8. Bois.

884. *Marmontel*, par GAUCHER et divers. 14 portr.

885. — par DUPIN d'ap. Cochin. 3 portr.

886. *Marolles* (Cl. de), Turonensis, par MELLAN (M. 209). In-4.
— *Michel*, abbé de Villeloin, par MELLAN. In-8.

887. *Marolles* (Mich. de), abbé de Villeloin, par NANTEUIL, texte au verso.

888. *Marot*, publié par HONDIUS. Portr. anonyme in-4. 2 pièces.

889. *Marquet*, méd. Théophraste de la Lorraine. In-fol.

890. *Mars* (Mlle), par GIRARD et divers. 28 portr.

891. *Martet* (J.), Toulousain, pape futur, par LOYS. In-4, tiré en bistre.

892. *Masséna*, par HOQUART d'ap. Aubry. En pied, à la manière noire. Gr. in-fol. avant et avec lettres. 2 pl. Bel. épr.

893. — par BONNEVILLE et autres, 55 portraits.

894. *Massillon*, évêque. 12 portr.

895. *Mathieu* (statue de), cons. de Schulembourg, par A. SUCCHI, S. mar.

896. *Malignon* (L. D.), évêque de Coutances et Lisieux, par NANTEUIL (R. D. 172). 1er état.

897. — Jacques, maréchal de France, par LOCHON, et son tombeau, par le même. 2 pl. in-fol.

898. *Maupeou* (Ch. de), chancelier. *Habert sc.* In-fol.

Etat av. trois lignes sur le socle. Autre av. 4 lignes et un quatrain dans la marge du bas. 2 pl. in-fol.

899. — par CATHELIN.
— par PETIT d'ap. Chevalier.

900. — par GAUTIER D'AGOTY. In-fol. en couleurs.

901. — par LEBEAU. 7 pièces.

902. *Maupertuis*, 1755, par DAULLÉ. Bel. épr.

903. — par HAUD d'ap. Tournière. In-fol. man. noire. Bel. épr.

904. *Maurice*, landgrave de Hesse, 1612, par GASPAR ISAC. In-8. Bel. épr.

905. *Mauriceau*, médecin. In-4.

906. *Maury*, portr. in-4 à la manière noire. Epr. av. lettre.

907. *Maury* (l'abbé), par divers. 30 portr.

908. *Maximilien*, frère de l'empereur, né à Vienne en 1756, par DUPIN.

909. *Mazarin*, card., par NANTEUIL (R. D. 174). 2ᵉ et 3ᵉ états.

910. — par divers. 38 portr.

911. *Mazarin*, par NANTEUIL, avec cartouches de la bataille de Rethel et du siège d'Arras (R. D. 180). Second état.

912. — sujet emblématique, par HURET. In-fol. Bel. épr.

913. *Mazarin* (Ch. de), par LARMESSIN. In-fol.
— carré in-4.

914. *Médavy* (Rouxel de), arch. de Rouen, 1677, par MASSON (R. D. 51).

915. *Mélanchthon* (Ph.), théol. In-fol. man. noire.

916. *Mélanchthon*, par divers. 20 portr.

917. *Mellan* (Cl.), 1635, par lui-même. In-4.

918. *Memmon Simonis*, chef d'anabaptistes. 6 portr.

919. *Ménage,* par **Van Schuppen** d'ap. de Piles. In-fol. Bel. épr.

920. *Ménard de Chouzy,* ambassadeur, par **Gaillard.** Gr. in-fol. Bel. épr.

921. *Menoux de La Brousse,* év. de Léon, 1680, par **Landry.** In-fol.

922. *Mentelle* (Jac.), de Château-Thierry, par R. Lochon. In-4.

923. *Mercier,* de Compiègne, d'ap. Pujos et divers. 5 portr.

924. *Mercier,* sergent de la garde nationale (de Mézy). 5 portr.

825. *Mercur* (duc de), par **L. Gaultier.** In-4.

926. *Mercueur* (Emman. de Lorraine, duc de), gouv. de Bretaigne. *H. Wierx sc.* Tr. bel. épr.

927. *Merilhou,* avocat. 3 portr.

928. *Mérimée,* lith. de **Feillet.** In-4. Epreuve d'essai. Tr. rare.

929. *Mesmer,* par **Legrand** d'ap. Pujos. In-fol.

930. *Mesmes* (H. de), sieur de Roissy, par **Mellan** (m. 214). In-fol.

931. *Mesmes* (Ant. de), prés. au Parl., par **Nanteuil,** 1655 (r. d. 192). 1er état. Bel. épr.

932. *Mesnager,* de Rouen, ambass., par **Odieuvre,** etc. 3 portr.

933. *Messier* (L.), théol. de Paris, 1663, par **Lochon.** — Le même, av. 2 lignes sur le socle. Bel. épr.

934. *Mestrezat,* ministre de l'Evang. In-4.

935. *Mezeray* (Eudes), prédicateur, par **Drevet.** Gr. in-fol.

936. *Michard,* curé de Saint-Sauveur à Paris, 1659, par **Roussel.** In-fol.

937. — S. marge.

938. *Michodière* (de la), conseill. d'Etat, par **Moles** d'ap. Duplessis. In-fol.

39. *Millin*, antiquaire. 4 portr.

940. *Milon*, évêq. de Valence, 1740, par **Drevet** d'ap. Rigaud (**f. d.** 123). Gr. in-fol. Superbe épreuve du 2ᵉ état.

941. *Mirabeau*, dess. au physionotrace par **Chrétien**, avec légende gr. à la pointe sèche. Rare.

942. — par **Copin** et **Gouttières** (épr. av. la lettre). 2 portr.

943. — Mausolée de Mirabeau dans l'église Saint-Eustache. Pl. in-fol., man. noire et placard imprimé. 2 pièces.

944. *Mitantier*, gref. de l'hôtel de ville de Paris, par **Drevet** d'ap. Largillière. Superbe épr. avec les noms des artistes. N'a pas passé en vente depuis 1836 (**f. d.** 95). D. in-fol.

945. *Molé* (Math.), par **Daret** et div. 9 portr.

946. *Molière* (Fr. de), âgé de 18 ans, 1620. *Picquet faciebat*. Etat av. le nom et terminé. 2 pièces.

947. *Monchy* (P. de), oratorien, par **Van Schuppen**. In-4.

948. *Mondésir* (de), prés. au parl. d'Aix, par **Cundier**. In-fol.

849. *Montfaucon* (B. de), par **Audran**. Epreuve avant lettre.

950. *Montgolfier* (T.), par **Pujos**, 1784. Epr. av. et après la lettre. 2 pièces.

951. *Monge*, par **Quenedey** et divers. 12 portraits.

952. *Monnevol* (François de), par **Lasne**. In-fol.

953. *Monod* (A. et J.), pasteurs. 4 portr.

954. *Monsper* (Jodocus), peintre d'Anvers. In-4.

955. *Montaigne*, par **Th. de Leu** (**r. d.** 461). In-8.

953. — par **Audoin** et div. 20 portr.

957. *Montalembert* (de), ingénieur, par **Saint-Aubin** d'ap. La Tour. In-fol.

958. *Montalivet*, ministre, m. 1823. 4 portr.

959. *Montchal* (Ch. de), archev. de Toulouse, 1645, par DARET d'ap. Lebreton. In-fol.

960. *Montcrif*, par CATHELIN d'ap. La Tour.

961. *Montesquieu*, par DUPONCHEL et divers. 20 portr.

962. *Montgolfier* (J.), aéronaute. Ascension au bas. In-fol.

963. *Montmorency* (A. de), connétable. 8 portr.

964. *Montmorency* (H. de), TH. DE LEU f. (R. D. 462). In-8.

965. *Montmorency* (Henry de), gouv. du Languedoc, par MELLAN (M. 216). In-4.

966. *Montiers de Mérinville*, évêque de Chartres, par CRESPY. Gr. in-fol. Très bel. épr.

967. *Montluc* (Blaise de), par MONTCORNET et divers. 7 portr.

968. *Montmorin*, évêque de Langres, 1766, par BOSSE d'ap. Marillier. In-fol.

969. *Moreau* (J.), par MOITTE d'ap. Cochin. In-4.

970. *Moreau* (Marie), dame de Sancy, par MEERLEN. In-fol. Tr. bel. épr.

971. *Mireau* (Et.), évêque d'Arras, par BOULANGER. In-fol.

972. *Moreau* (P.), prof. d'écriture. In-4.

973. *Moreau* (Victor), par CARDON. In-fol. Tr. bel. épreuve.

974. *Moreau*, général, par PERROT et div. 32 portr.

975. *Moreno* (Gab.), cistercien flamand, par GANTREL. In-fol.

976. *Moréri*, biographe. 3 portr.

977. *Morin* (J.), de Blois, par GIFFART, etc. 3 portr.

978. *Moret* (Balth.), d'Anvers, typographe, par GALLE. In-4.

979. *Morin*, médecin à Paris, 1657, par POILLY. In-fol.

4

980. *Morlot* (de Langres), archev. de Paris. 7 portr.

981. *Morny* (duc de), par Audribran, etc. 5 portr.

982. *Morus* (Alex.), de Castres, par C. de Pas. In-fol. et divers. 4 portr.

983. *Mulot* (l'abbé), député, par Lecaupion d'ap. Pérignon. In-4. Tiré en couleurs.

983 *bis*. — 2 portraits in-8.

984. *Muly* (D. L.), oratorien, par Elluin d'ap. Bonnet. In-4.

985. *Munster* (Sébast.), géographe, par Haid. Manière noire. In-4.

986. *Murat* (Ant. de), sénat. paris. 1589. Th. de Leu (r. d. 465). In-8.

987. *Murat*, d'après Gérard. 3 portr.

988. *Muret* (Ant.). 1575. Bois in-12.

991. *Muret* (Ant.), juriste. In-fol.

992. *Musset* (A. de), par Riffaut. In-4.

993. *Napoléon Bonaparte*, gravé à Londres par Lecavel d'ap. Robert Lefèvre. Gr. in-fol. en haut, noir et col. 2 pl.

994. *Napoléon et Joséphine*, allégorie de Gaultier, et divers sujets. 6 p. n. et coloriées.

995. *Narbonne-Pelet* (comtesse de), d'après Lattinville. In-fol. Copie de Daullé.

996. *Narni* (Jér.), gén. des Capucins, par Mellan (m. 217). In-4.

997. *Nassau* (Guill. de), prince d'Orange, par Lichon. Bonne épr.

998. *Natalis Alexandre*, prédic. paris. 1701. Van Schupen *sc.* d'après son frère. In-fol. Bel. épr.

999. *Necker*, contrôleur gén. des finances, par Boily et un anonyme. 2 pl. in-4.

1000. — Avec Louis XVI, médaillon allégorique en deux teintes. In-fol. en larg.

1001. — par Saint-Aubin, Thouvenin et divers. 50 portr.

1002. *Néel de Christot*, évêque de Séez, par Balechou d'ap. Adet. Gr. in-fol. en haut. Bel. épr.

1003. *Nesmond* (F. de), présid. au Parl., par Nanteuil, 1653.

1004. *Nesmond* (F. de), év. de Bayeux, 1663, par Nanteuil (R. D. 220). In-fol. Second état.

1005. *Neufville* (Ferd. de), év. de Chartres, par Nanteuil (R. D. 204). 6ᵉ état.
— 8ᵉ état indiqué, par Rob. Dumesnil, en possession de M. Soliman.

1006. *Neufville* (Marie), dame de Courcelle, 1633, par Grignon. In-fol.

1007. *Nemours* (Louis d'Orléans, duc de), par Pannier d'ap. Winterhalter. Gr. in-fol.

1008. *Ney*, maréchal. 9 portr.

1009. *Nicole* (de Chartres), théol. 12 portr.

1010. *Noailles* (A. de), archev. de Paris, par Habert d'ap. Largillière.
— Buste av. le P. Quesnel. 2 pl.

1011. — Jules , maréchal de France, man. noire. In-fol.

1012. *Noblet* (Michel), prêtre de Basse-Bretagne. Carré in-4.

1013. *Nodier* (Charles), par David, d'Angers, etc. 10 portr.

1014. *Nogaret* (J. L. de), duc d'Espernon, Th. de Leu (R. D. 363). In-8. Tr. bel. épr.

1015. *Nostradamus*, par J. Boulanger. In-4.

1016. *Nyon*, libraire des Quatre-Nations, dessin allégorique par Defresne, 1800. Pièce in-fol.

1017. *Odilon Barrot*. 10 portr.

1018. *Œcolampadius* (Joan.), par Houston, man. noire. In-fol.

1019. *Ogier* (F.), conseill. du roi, 1775, allégorie gr. par Laurent d'ap. le projet du tombeau à ériger à Saint-Sulpice. Etat avant le tombeau, les armes de France et la lettre. Etat terminé. 2 p. in-fol.

1020. *Orange* (Guillaume, Maurice et Henri, princes d'). 5 portr.

1021. *Orland* (Math.), visiteur des Carmélites, par Landry, 1669. In-fol.

1022. *Orléans* (Louis d'), 1622, par Mellan (m. 220). In-fol. Bel. épr.

1023. *Orléans* (Louis d'), par C. Audran. In-12.

1024. *Orléans* (L.), duc de Chartres, né en 1747, par Martin. In-4.

1025. *Ormesson* (L. d'), présid. du Parl., 1788, allégorie de Brion et portr. 3 pièces in-fol.

1026. *Ossat* (card. d'), 1624, par L. Gaultier. In-4.

1027. *Ozanne*, médecin de Chaudray. In-4.

1028. *Oudinot*, par Charron d'ap. Martinet. Avant et av. la lettre. Man. noire. 2 pl. gr. in-fol.

1029. — à Friedland et div. 9 portr.

1030. *Pagan* (comte de), par Lubin. In-fol.

1031. — par Pation d'ap. Gascard. In-4.

1032. *Paillot* (P.), généalogiste, 1698, par Drevet d'ap. Revel (F. D. 103). In-fol. Bel. épr.

1033. *Palissot* d'ap. Saint-Aubin. 7 exemp.

1034. *Palizsch* (J.), astronome allemand, par Schulze. In-fol.

1035. *Palmezeaux*, par Chailly. 2 portr.

1036. *Papillon* (Nicolle), gravée par sa bru, femme d'Oudry, peintre. In-4.

1037. *Papillon*, év. d'Alet, par Habert et divers. 8 portr.

1038. *Papire-Masson*, 1612, L. GAULTIER. In-4.

1039. *Papon*, de Montbrison, 1568. Bois av. texte.

1040. *Paracelse*, médecin, par GAYWOOD d'ap. Rubens.
— gravé par SOMPEL 2 pl. in-4.

1041. *Paré*, méd. Bois-titre de la *Méthode curative des plaies*, 1555. In-8.

1042. *Parent* (J. Ch.), chev. romain, par G. EDELINCK. Epreuve av. les changements. Tr. bel. épr.

1043. *Pascal*, par SOLIMAN. 13 épr. sur chine.

1044. *Pascal de Vallongue*, général de brigade, né à Sauvegard, mort en 1806. In-fol.

1045. *Pasquier* (Et.), par GASPAR ISAC. In-fol.

1046. *Pasquier* (Et.), juriscons., 1617, par L. GAULTIER. In-fol. Tr. bel. épr.

1047. *Passerat* (J.), TH. DE LEU (R. D. 473). In-12. Tr. bel. épr.

1048. *Pastoret* (marquis de), par HENRIQUEL-DUPONT d'ap. P. Delaroche. Gr. in-fol.

1049. *Patin* (Ch.), numismate, par MASSON. Bel. épr.

1050. *Patot* (J.), abbé de Sainte-Geneviève, par DAULLÉ. Epr. avant lettre.

1051. *Payen-Deslandes*, clerc du Parl., par NANTEUIL. (R. D. 210). In-fol. Bel. épr.

1052. *Penthièvre* (L. J., duc de), par DUPIN d'ap. Queverdo. In-4.

1053. *Péréfixe* (Hardouin de), évêque de Rodez (R. D. 211). 3ᵉ état.

1054. *Pérignon*, maréchal. 4 pièces.

1055. *Pernot* (Andoche), abbé de Cîteaux, par CHEREAU d'ap. Rigaud. Gr. in-fol. Bel. épr.

1056. *Perrenot*, évêque d'Arras, 1556. In-fol.

1057. *Perrenot*, card. de Granvelle, par MONTCORNET et div. 24 p.

1058. *Perreton*, oratorien, Forésien, par TARDIEU d'ap. Jouvenet. In-4.

1059. *Perrier* (Ant.), général des Minimes, par GIFFART. Gr. in-fol.

1060. *Pérignon*, maréchal de France, par CHARRON d'ap. Martinet. Manière noire, épreuves avant et avec la lettre. 2 pl. in-fol. Bel. épr.

1061. *Petermann*, mendiant à Paris, 1752. Eau-forte de WATELET. In-4.

1062. *Pétion*, maire de Paris, par divers. 15 portr.

1063. *Petit* (Cl.), abbé de Cîteaux, 1700, par HEINDRICH. Manière noire. In-fol.
— par LANDRY, 1672, d'ap. Perrin. In-fol.

1064. *Petit* (Ant.), médecin, par LAURENT d'ap. Pujos. Epreuves avant et avec la lettre. 2 pl. in-4.

1065. *Petit-Radel*, par BOUILLARD et div. 3 portr.

1066. *Petitpied* (Nic.), théol., 1716, par PITAU. In-4.

1067. *Phélippeaux* (l'abbé), 1667, par LOCHON. In-fol.

1068. *Philip* (J.), médecin, par MIGER. In-4.

1069. *Philippe V*, duc d'Anjou, roi d'Espagne. Manière noire. In-fol.

1070. *Pibrac* (Guy de), 1617, par L. GAULTIER. In-12.

1071. *Picard*, de l'Institut, par ALLAIS. 10 exempl.

1072. *Pichegru*, par divers. 24 portr.

1073. *Picon d'Andrezel*, intendant du Roussillon, par CHÉREAU d'ap. Rigaud. In-fol. Bel. épr.

1074. *Piélat* (L. T.), président hollandais, par COSTER d'ap. Vollevens. In-fol.

1075. *Pierre II*, roi de Portugal, par G. EDELINCK. Tr. b. épr.

1076. *Pieyre*, député de Nismes, par COUCHÉ fils. 3 états divers.

1077. *Pineau* (Gabriel), 1644. In-4.

1078. *Pinel*, curé de Saint-Séverin, par **Poilly**. 4 portr.

1079. *Pinel*, médecin, par **Delvaux** d'ap. madame Mérimée. In-4.

1080. *Pinette*, fondateur de l'Oratoire, par G. **Edelinck**. 1er état (R. D. 297). Bel épr.

1081. *Pini* (A.), dominicain, m. à Paris, 1709, par **Drevet** d'ap. Audray. In-fol. Bel. épr. (F. D. 104).

1082. *Pinsson* (Fr.), de Bourges, avocat paris. 1680, par **Van Schuppen**. In-fol.

1083. *Piron*, par **Bumphry** et divers. 8 portr.

1084. *Pithou* (Fr.), juriste, par **Edelinck** (R. D. 298). In-fol.

1085. *Plantin*, imp. de Tours. 4 portr.

1086. *Poisson* (Raymond), comédien, par **Edelinck** (R. D. 299). Second état. Gr. In-fol.

1087. *Pomet* (P.), Parisien, par A. **Le Clerc**. In-fol.

1088. *Pomme* (Pierre), médecin, par **Levasseur** d'ap. Kymli. Etats avant et avec l'inscription du socle. 2 pl. in-4.

1089. *Poncet* (P.), intendant, 1656, par **Frosne** d'ap. Boury. In-4.

1090. *Pontant de Beaulieu*, ingénieur, par **Pesne** d'ap. Lubin. Avant le nom des artistes. In-fol.

1091. *Pontus de Thyard*, év. de Chal.-s.-Saône. **Th. de Leu** (R. D. 496). In-4. Bel. épr.

1092. *Portal*, médecin, par **Dupin** d'ap. Pujos. In-fol.
— Le même, avec une autre inscription sur le socle. 2 pl. In-fol.

1093. *Potier* (P.), d'Angers, médecin. In-4.

1094. *Potier* (P.), d'Angers, méd. du roi. Dans un carré in-4.

1095. *Pomponne de Bellièvre*, prés. au Parl., par **Nanteuil**, 1653. Epr. fat.

1096. *Potier de Novion*, présid. au Parlement, par NANTEUIL (R. D. 205). Second état. Bel. épr.
— (R. D. 204).

1097. *Potain*, docteur, *Lith. Constans.* 20 exempl.

1098. *Potier de Gesvres*, abbé de Bernay, par E. PICART, 1672. Thèse de Gautier de Vaux du Mans. Placard.

1099. *Poulailler*, voleur exécuté en 1786, avec son domestique. Placard gravé, etc. 4 pièces.

1100. *Poullain de Sainte-Foix*, d'ap. Saint-Aubin. 4 pl. in-12.

1101. *Pouteau* (Cl.), médecin lyonnais. In-8.

1102. *Poussemothe* (Jean), avoc. au Parl., 1665, par ET. PICARD d'ap. *Paillet.* In-fol.

1103. *Prault*, libraire, par CATHELIN d'ap. Cochin. In-4.

1104. *Prévost* (l'abbé), par SOLIMAN. 13 épreuves sur chine av. la lettre.

1105. *Princesse* (la) de Lorraine, par L. GAULTIER. In-8.

1106. *Proudhon*, économiste. 10 portr.

1107. *Pucelle* (René), conseill. au Parl., 1739, par DREVET. D. in-fol. Epreuve avant la lettre. Superbe (F. D. 110).

1108. *Pugatschew*, faux czar. 1775. In-8. — Le même par LETELLIER d'ap. de Mailly. In-4.

1109. *Rabache* (Et.), augustin, m. à Angers en 1616, par COURDE. In-4.

1110. *Rabaud*, dép. de Nîmes. 6 portr.

1111. *Rachel*, lith. Noël d'ap. Leloir. In-fol.

1112. *Racine*, par de BOUBERS et divers. 30 portr.

1113. — par SOLIMAN. 4 épr. av. lettre.

1114. *Raguier de Pousse*, curé de Saint-Sulpice, par SIMON d'ap. Guerry. D. in-fol. en haut.
— par BARBERY. In-fol.

1115. *Rainaud* (Paul), oratorien, par AUDRAN d'ap. Bonnet. In-fol.

1116. *Rameau*, par FAYET (d'après Moreau). In-12 rare.

1117. *Ranchin* (F.), par TH. DE LEU (R. D. 480). In-12.

1118. *Raoul*, évêq. de Saintes, 1657, par R. LOCHON. In-fol. Tr. bel. épr.

1119. *Rapine* (Jac.), conseiller du Roi, 1663, par LOCHON. In-4.

1120. *Rapin Thoyras*, hist. 1734. 2 pl. in-4.

1121. *Reginald* †, évêque d'Anvers, par VERNTEULEN. In-fol. Bel. épr.

1122. *Regnard*, par LEROUX. 3 épr.

1123. *Regnesson*, graveur, par PORREAU. 16 épreuves.

1124. *Regnier de Guerchy*, marquis de Nangis, 1766, par WATSON d'ap. Vanloo. Manière noire. In-fol. Bel. épr.

1125. *Relongue de la Louptière*, par BEAUVARLET. 4 portr.

1126. *Renaud* (Cécile), par BONNEVILLE et LEVACHER. 2 p.

1127. *Renaudot* (Théophraste), de Loudun, fondateur du journalisme en France, par LASNE. In-4.

1128. *Restif de la Bretonne*, par BERTHET d'ap. Binet. In-4.

1129. *Richer de la Morlierre*, par LÉPICIÉ d'ap. La Tour. In-fol. Bel. épr.

1130. *Rieux* (Jean de), maréchal de France, par DOSSIER d'ap. Hallé. In-fol.

1131. *Regnault de Saint-Jean d'Angely*, par ADAU d'ap. Gérard. Eau-forte. Lith. Delpech. 2 pl. in-fol.

1132. *Regnier*, duc de Massa, grand juge, 1807, par RIBAULT. Eau-forte. Avant lettre. 2 pl. in-fol.

1133. *Ricard* (Paul de), doyen du Parl. d'Aix, par
Cousin d'Acqs d'ap. Vanloo. Manière noire. Gr. in-
fol. Bel. épr.

1134. *Richelet* (Nic.), Parisien, par Ficquet. In-4.
Bel. épr.

1135. *Richelieu*, cardinal, par divers. 50 portraits.

1136. — par M. Lasne. 5 portraits.

1137. *Richelieu* (duc de), 1re épreuve d'eau-forte.

1138. *Richelieu* (Armandine de), marquise de Mont-
calm. 1832. Lith. Lemercier d'ap. Lemire. In-fol.

1139. *Richardson*, par Ardell et divers. 10 portr.

1140. *Rigault* (Nic.), garde de la biblioth. du Roi,
par G. Edelinck. 1er état (r. d. 304). Bel. épr.

1141. *Rigoley de Juvigny*, par Miger d'ap. Cochin.
Bel. épr.

1142. *Riolan*, méd., par Rousselet. In-8.

1143. *Ripert de Montclars*, proc. au Parl. d'Aix. 1773.
In-4.

1144. *Riquié*, jardinier de Boileau. Eau-forte d'Hillemacher.

1145. *Rivet* (André), par Aubry et divers. 7 portr.

1146. — dans un carré. 2 pl. in-fol.

1147. *Robespierre*, d'après nat., par Boutteville
(rare) et divers. 16 portr.

1148. *Robien* (P. de), conseil. au Parl. de Bretagne,
par Balechou d'ap. Huguet. Gr. in-fol.

1149. *Robinet d'Orléans*, d'ap. un vitrail de l'église de
Tillay en Sologne. Dessin au lavis. In-8.

1150. *Rochefoucauld* (de La), cardinal. 1645. In-4.
— évêque de Clermont, par Lasne. In-4.

1151. *Rohan-Soubise* (Charlotte de), princesse de Condé,
par De Lalive. Buste et tombeau.

1152. *Rohan* (Ed. de), arch. de Strasbourg. 7 portr.

1153. *Roland* (Mme), par Bonneville, etc. 12 portr.

1154. *Roncherolles* (de), gouvern. de Landrecies, par
GUÉRIN. In-fol. Bel. épr.

1155. *Ronsard* et sa maîtresse, par MELLAN (M. 229).
Bel. épr. du 1ᵉʳ état.

1156. *Ronsard*. Titre de la *Franciade*, 1587. Bois
in-12.

1157. *Roquelaure* (la duch. de), par VAN SCHUPPEN,
allégorie funéraire. Pl. in-fol.

1158. *Roquette* (G. de), év. d'Autun, par MASSON, s.
marges.

1159. *Roslet* (Zach.), gén. des Minimes, par ALLET.
In-4.

1160. *Rouillard* (Séb.), de Melun, par L. GAULTIER.
Bel. épr.

1161. *Roujault* (Et.), magistrat, par CARS. Gr. in-fol.
Bel. épr.

1162. *Rousseau* (J.-J.), par SOLIMAN. 34 épr. chine.

1163. — Avant le nom. 88 épr.

1164. — par BOVINET et div. 12 portr.

1165. — Monument projeté à la gloire de J.-J. Gr.
in-fol. 10 épr.

1166. *Rousselet* (Cl.), abbé de Sainte-Geneviève, par
LEMIRE d'ap. Robin. Epr. avant la lettre. In-fol.

1167. *Rouxel de Médavy*, év. d'Autun, Langres et
Séez, 1656, par ROUSSELET. In-fol.

1168. *Rouxel-Blanchelande*, anc. maréchal de camp,
gouv. des Iles (dessiné au trib. révolut.), exécuté
le 15 avril 1793. In-4. Gr. en man. noire.

1169. *Ruel* (Cl. de), év. d'Angers, par HURET. In-4.
Bel. épr.

1170. *Ruffin de Bolbec*. 10 épr.

1171. *Rullier*, centenaire, 1778, scène épisodique. 2
pièces.

1172. *Ruyter*, gr. amiral de Hollande, par BOBYN, DE

Reyger et Bloteling. 3 pl. gr. in-fol. Bel. épr.
— Lot de 20 portr.

1173. *Saint-Amour* (Guil. de), de la Sorbonne. Anon.
In-4. Rare.

1174. *Saint-Germain* (D. de), conseill. à la C. des
comptes. Th. de Leu (r. d. 483). In-4. 1ᵉʳ état.

1175. *Sainte-Marthe* (Denis de), par Drevet d'après
Cazes (f. d. 111). In-fol. Tr. bel. épr.

1176. *Saint-Non*, par Leroux d'Agincourt, eau-forte.
Anonyme. 2 pièces. Rares.

1177. *Salmon* (Marie), Rouennaise. victime d'une er-
reur juridique. 2 portr.

1178. *Sartines*, lieut. de police, d'apr. Bachelier. In-4
tiré en rouge.

1179. *Saulx-Tavannes*, maréch. de France, par La
Roussière. In-fol.

1180. *Saumaise* (Cl.), par Suyderhoef. In-fol.

1181. *Saurin* (Jac.), par divers. 6 portr.

1182. *Savary* (Math.), évêque de Séez, par Edelinck
(r. d. 315). Gr. in-fol.

1183. *Savonaroie*, dominicain. Carré au milieu d'un
bouquet de fleurs. In-fol.

1184. *Sayffert*, Saxon, médecin, par Nicolet d'ap.
Rieska. In-4.

1185. *Schulemburg* (Math. de), feld-maréchal de Ve-
nise, par J. Marc. Gr. in-fol.

1186. *Schwarz* (Christ.), profess., 1751, par Nusbie-
gel. In-fol. manière noire.

1187. *Sébastiani*, d'ap. Chrétien, etc. 6 portr.

1188. *Séguier* (P.), chancelier, par Nanteuil (r. d.
222). 1ᵉʳ état, s. marges.

1189. *Séguier* (Dom.), év. de Meaux, par Charpignon.
In-4.

1190. *Seiglière* (Joach.), par Simon d'ap. Mignard,
grandeur natur. Tr. bel. épr.

1191. *Seiglière* (Joach. de), seign. de Boisfrancs, par VAN SCHUPPEN d'ap. A. Du Buisson. 1er état avant toutes lett. Gr. in-fol. Tr. bel. épr. Rare.

1192. — avec inscription sous les écussons inférieurs et 2 lignes de texte.

1193. *Senac*, médecin, par DUHAMEL d'ap. Fossier. In-4.

1194. *Senac de Meilhan*, intendant du Hainaut, par BERVIC d'ap. Duplessis. Gr. in-fol. Bel épr.

1195. *Senefelder*, invent. de la lithogr. 8 portr.

1196. *Serrurier*, maréch. 3 portr. color.

1197. *Servien*, marquis de Sablé, par MELLAN (M. 232). In-4.

1198. *Servien* (l'abbé A. de), par LOMBART d'ap. Delamare. In-fol.

1199. *Sextius d'Arlatan*, cons. au Parl. de Prov., par COUSSIN d'ap. Vanloo. Gr. in-fol., man. noire. Tr. bel. épr.

1200. *Sieyès*, directeur. 6 port.

1201. *Silvecane* (de), conseill. à la Monnaie de Lyon, par TOURNEYSEN, 1679, av. thèse au bas. Placard.

1202. *Simianes* (L. de), comte de Lyon, par VAN SCHUPPEN d'ap. Lefèvre. In-fol.

1203. *Simon* (P.), grav., par G. EDELINCK. 3e état.

1204. *Simon*, impr., par INGOUF d'ap. Pougin. In-fol.

1205. *Sirmond*, de Riom, par LUBIN et MASSON. 2 portraits.

1206. *Sixte V*, par L. GAULTIER.

1207. *Soanen* (J.), év. de Senez, d'ap. Raoux. Gr. in-fol.

1208. — Lot de 12 portr.

1209. *Soissons* (Ch. de Bourbon, comte de), 1596. L. GAULTIER. In-8.

1210. *Songis* (génér. de). 3 lith.

1211. *Sonnet de Courval*, de Vire, par L. **GAULTIER**. Bel. épr.

1212. *Sorbière* (de), historiographe, 1664, par **BONNART**. In-4.

1213. *Soult*, maréch., par divers. 11 portr. noirs et coloriés.

1214. *Sponde* (H.), arch. de Narbonne, par **M. LASNE**. In-fol.

1215. *Staël* (Mme de), par divers. 25 portr.

1216. *Stella* (Jac.), de Lyon, peintre. *Claudia sc.* In-4. Bel. épr.

1217. *Stoupy*, dép. de Jemmapes, par **MIGER**. In-4.

1218. *Strozza*, patricien de Florence, 1587. L. **GAULTIER**. In-fol.

1219. *Suchet*, maréch., par div. 15 portr.

1220. *Sue* (J.), médecin, père du romancier, par **PRUNEAU** d'ap. Pujos.
— Le même avant lettre. 2 p. in-4.

1221. *Suffren* (de), vice-amiral, par **LIOTTIER** d'ap. Gibelin. In-4, man. noire. Rare.

1222. — 6 portr. variés.

1223. *Sully*, par **MONTCORNET** et div. 6 port.

1224. *Suze* (L. de), évêque-comte de Vivarais, par **AUROUX**. In-4.

1225. *Tabourot*, seign. des Accords. In-12. Bois.

1226. *Talleyrand* (de), président du gouv. provisoire (1815), d'ap. Prudhon. In-8.

1227. *Talleyrand*, diplomate. 24 portr.

1228. *Tallemant*, de l'Acad. fr., par G. **EDELINCK**. Sans marges.

1229. *Talma*, par divers. Tableau des souscripteurs au monument, etc. 6 pièces.

1230. *Talma*, 1826, avec le discours prononcé sur sa tombe, par **LAFON**. Placard gr. in-fol.

1231. *Talon* (Denis), avocat gén., 1655, par ROUSSE-
LET d'apr. Ph. de Champagne. In-fol.

1232. *Talon* (Denis), présid. au Parl., par NANTEUIL
(R. D. 229). Epr. fatig.

1233. *Talon* (Denis), présid. au Parl. (R. D. 228).
Bel. épr.

1234. *Target*, avocat, de l'Acad. Fr., par VINSAC d'ap.
Pujos. In-4 et divers. 4 portraits.

1235. *Teissier*, général des Mathurins, par G. EDE-
LINCK. 1er état (R. D. 325). Tr. b. épr.

1236. *Thaumas de la Thaumassière*, de Bourges, par
VAN SCHUPPEN d'ap. Quenin. In-fol.

1237. *Thevet*, cosmographe. In-fol.

1238. *Thiboust*, imprimeur du roy, par DAULLÉ. Bel.
épr.

1239. *Thomassin* (L.), de l'Oratoire, 1694, par VAN
SCHUPPEN. In-fol.

1240. — Autre, 1696. In-fol.

1241. *Thou* (F. A. de), décapité en 1642. D'après
Charbonnet. 30 épreuves.

1242. *Thou* (Christ. de), historien, bibliophile (1585).
In-4. Bel épr.

1243. *Thouret*, dép. de Rouen. 20 portr.

1244. *Tiraqueau* (And.). Bois in-8.

1245. *Titon du Tillet*, par PETIT d'ap. Largillière.
Gr. in-fol. Bel. épr.

1246. *Tourzel* (madame de). Lith. Faure. Gr. in-fol.

1247. *Treilhard*, député. 3 portr.

1248. *Treyssac de Vergy*, avoc. au Parl. de Bordeaux.
Gravé à Londres en 1775, avec texte imprimé au
bas. In-fol.

1249. *Tristan-l'Hermite*, d'ap. Du Guernier, 1665.
In-4.

1250. *Tromp*, amiral, par C. DU PAS et divers. 20
portr.

1251. *Tromp*, amiral, par Eckout. Gr. in-fol.

1252. *Trumeau*, guillotiné en l'an XI. Portraits et scènes de sa vie. 14 pièces.

1253. *Turenne*, par Boutelon. Epreuve avant les noms. Tr. bel. pièce.

1254. *Urbain VIII*, pape, par L. Gaultier, 1625. Titre allégorique. In-4.

1255. *Vadier*, conventionnel. Au physionotrace, par Quenedey (très rare) et divers. 4 portr.

1256. *Valbelle* (J. B. de), chef d'escadre, grand-croix de St-Jean. In-fol.

1257. *Valderama* (P. de), de Séville. L. Gaultier. In-8.

1258. *Valée*, maréchal, par Giroux. 5 portr.

1259. *Vandenboschex*, évêq. de Gand (XVIIᵉ siècle), par Caukerken. In-fol.

1260. *Van-Dyck* et sa femme. 17 épreuves.

1261. *Vendosme* (Ch. de Bourbon, cardinal de), Th. de Leu (R. D. 500). In-8.

1262. *Verbi Claudii*, eccl. congrég. Carentonii, par Van Somek (Collect. Mariette, 1689). In-fol.

1263. *Verdelot*, marquis de Villiers, par R. Lochon. In-fol.

1264. *Verdun* (de), présid. aux Parlements de Toulouse et de Paris. In-4.

1265. *Vergniaud*, député. 15 portr.

1266. *Verjus*, théol. paris., 1663, par Van Schuppen. In-4.

1267. *Verneuil* (H. de Bourbon, duc de), par L. Coquin d'ap. Bonnemère. In-fol.

1268. *Vertamont* (Cath. de), veuve de Fr. de Caumartin, par Lombart. Manière noire. In-fol.

1269. *Viardel*, chirurg. accoucheur, par Frosne. In-4.

1270. *Victor*, maréchal, par Charon. 20 portr. in-fol.

1271. *Vieussens*, médecin de Montpellier, par **Math. Boulanger**. In-4.

1272. *Vigen're* (B. de), Bourbonnais. **Th. de Leu** f. (**r. d**. 502). Second état. In-8.

1273. *Villemontée* (de), intendant d'Aunis et Poitou, év. de St-Malo, par **Mellan** (**m**. 243). Avec une contre-épreuve. 2 p. in-fol.

1274. *Villeroy*, maréchal. 7 portr.

1275. *Villerault* (J.), proc. **Th. de Leu** (**r. d**. 505). In-8.

1276. *Villiers de l'Ile-Adam* (de Beauvais), gr. maître de Malte, par **Sergent**. In 4 en couleur.

1277. *Vincent*, de la Réunion des arts, 1807, par **Camarieux**. 7 épreuves.

1278. *Vintimille* (de), arch. de Paris, par **Daullé**. Epr. tachée.

1279. *Volney*, auteur des *Ruines*. 10 portr. in-12.

1280. *Voltaire* Eau-forte d'**Hillemacher**, 1857. Epr. d'artiste.

1281. *Voltaire*, par divers. 28 pièces.

1282. — Dessiné par **Moreau** le jeune. 40 épreuves.

1283. — par **Langlois** d'après Delatour. 9 épreuves.

1284. — par **Soliman**. 50 épreuves.

1285. *Wieland*. 2 portr. in-8.

1286. *Winter*, amiral, par **Roger** et divers. 5 portr.

1287. *Wirtz*, marchand à Strasbourg. In-fol., à la manière noire.

1288. *Wolfang*, de Dieuze, théol., à Berne. 3 portr. in-8.

1289. *Wolfang* jeune, libraire à Nuremberg, par **Kilian**. In-4.

1290. *Worloch*, par **S.-Aubin** d'ap. Denon. Tr. bel. épr. in-4.

1291. *Wulson de la Colombière*, par R. **Regnesson**, F. **Chauveau** et **Nanteuil**. Bel. épr. In-fol.

1292. *Wurtemberg* (Christine Car. de), marquise de Brandebourg, par P. **Drevet** (f. n. 20). Est. d. in-fol. Bel. épr.

1293. *Xaupi* (Joseph), de Perpignan, d'ap. Carmontelle. In-fol. Bel. épr. Rare.

1294. *Ximenès*, card., par **Edelinck**. In-4.

1295. *Zwilling*, doyen des Cent-Suisses, 1668, par **Van Schuppen**. Tr. bel. épr. in-fol.

VARIÉTÉS

1296. *Etablissement* de la religion catholique. Portrait de Bonaparte, par **Bonneville**. Placard in-fol.

1297. *Christ*, d'après un original très ancien, par **Brichet**. Sujet in-fol.

1298. *Sommeil de l'enfant Jésus*, d'ap. Raphaël, par **Ingouf**, l'an XI. Eau-forte inachevée. Sujet d. in-fol. Belle pièce.

1299. *Apparition de la Vierge* à saint Antoine, par M. **Lasne** d'ap. Vouet. In-fol.

1300. *La Visitation*, par M. **Lasne** d'ap. A Carrache. In-fol.

1301. *Ecce homo*, par M. **Lasne**. In-fol.

1302. *Vierge* (la), et l'Enfant Jésus, par M. **Lasne** d'ap. Vouet. In-fol.

1303. *Chaste Suzanne* (la), 11 pièces.

1304. *Marie-Magdeleine*, par **Mich**. **Lasne**. In-4.

1305. *Bruno* (saint), par **Drevet** d'ap. Jouvenet. D. in-fol. Tr. bel. épr.

1306. *Wierx*. Portraits de saint Bruno et divers. 8 pièces.

1307. *François de Paule* et 31 portraits de Minimes célèbres, par **M. Lasne**. D. in-fol. Bel. épr.

1308. *Dominicains*, écussons et portraits. 50 p.

1309. *Chartreux*, 5 p. ; Carmes, 7 portraits ; Augustins, 7 portraits. Soit 19 portraits in-8.

1310. *Oratoriens*. Portraits de Quesnel. Malebranche, etc. 20 portr.

1311. *Capucins*. 23 p.

1312. *Franciscains*. 20 p.

1313. *Jésuites* français et étrangers. 37 portraits.

1314. *Papes*, de Bern. Picart. 5 pièces.

1315. *Saint-Aubin* (A.). Fénelon, arch. de Cambrai, d'après Vivien. In-fol. 9 exemp.

1316. *Malte* (ordre de), portraits des grands maîtres, par **Cars** et divers. 30 portr.

1317. *Rel. gieuses* (les), par **Tassaert** d'ap. Ph. de Champagne. In-fol. en larg.

1318. *Variétés religieuses*, 26 pièces.

1319. *Bonnard*, éditeur. Portraits de Catinat, Villars, Ricci, Chanvallon, Arnaud, etc. 17 pièces in-fol.

1320. *Joueur* (le) de cornemuse, d'après Van-Dyck, par **Langlois**. Epreuve et contre-épreuve. 2 pièces avant lettre. Tr. bel. épr.

1321. *Dessins et croquis*, de Ransonnette, Terburg, C. Vernet, Coiny. 6 pièces.

1322. *Deveria*. Eau-forte et vignettes. 18 pièces gr. in-8.

1323. *Partie de chasse* de Henri IV, par **Collé**. Illustrations. 3 f. in-fol.

1324. *Moreau*, Rameau, Voltaire, planche signée. Rare.

1325. *Dassonville*. Portraits des chanceliers de France, extraits de leurs *Vies*, par **Gombauld**, d'Auteuil. 9 pl.
Suite non citée par **R. Dumesnil**.

1326. *Mazas*, architecte : Guignon, A. J. Boucher. Eaux-fortes d'Hillemacher.

1327. *Norblin*, graveur : Vouet, la Rosa, la Grazia, modèles à l'Acad. de Rome en 1846. Eaux-fortes d'Hillemacher.

1328. *Etudes* d'après l'antique. 13 pl. gr. in-fol.

1329. *Grotesques*. La mère Idienne. La mère Daillon, etc. 10 pièces coloriées.

1330. *Libraire* (le), ambulant ou le grand triomphateur désolé. *Bonnart*. 2 pl. in-fol.

1331. *Colporteur au pilori*. 1760. In-fol.

1332. *Colporteurs désolés*. Types du 18ᵉ siècle. 4 pl.

1333. *Charlatans*. Ambreville, La Couture, Ballouard, par BONNART, etc. 5 pl.

1334. *Lanterne* (la) magique. La Marmotte, *J. de Lyon, p. Guélard*, 1731, *sc.* 2 pl. in-fol. Belles épreuves.

1335. *Artistes* (réunion d'), 1800, par CLÉMENT d'ap. Boilly, gr. in-fol. av. le trait explicatif, 2 pl.

1336. *Tableau* général des illustrations, lauréats du Conservatoire, concours de 1849. 20 portraits tirés sur un placard de 1 mètre de haut.

1337. *Arlequin et Colombine*, par BONNART. 4 pl.

1338. *Acteurs* du 16ᵉ siècle. 16 lith. in-8.

1339. *Beauchâteau*, comédien, par FROSNE et DESROCHERS. 3 portr.

1340. *Blanc*, Duport, Rode, violoncellistes. Eaux-fortes d'Hillemacher. Epreuves d'artistes.

1341. *Galerie* des artistes dramatiques dess. par Lacauchie. Actrices célèbres. Lot.

1342. *Polichinel*, dame Gigogne, Crispin et Gilotin, de BONNART. 4 pièces.

1343. *Société* du perron du Palais-Royal. Image populaire coloriée.

1344. *Jeu de Lindor* et cartes. 2 pièces coloriées.

1345. *Vue* de la galerie du président Lambert. 1718. Pl. d. in-fol.

1346. *Plan* géométral de Lyon en 1773, par JOUBERT. Gr. pl. colorié. Belle pièce.

1347. *Gisors*. Vue du château et diverses. 14 pl.

1348. *Iconographie* des célébrités du Périgord. 1858. Placard lith.

1349. *Will*. Suite de rois de France. 17 portr.

1350. *Ecusson* du président Séguier, par WEYEN. Sujet in-fol.

1351. *Spectacle*, hist. du 16ᵉ siècle, par GODEFROY d'ap. Marillier. In-fol.

1352. *Festival* de la place Royale. 1662. Buste du Roy, par ROUSSELET. Bel. épr.

1353. *Dénonciation* (la) supprimée, (1793). Pl. en bistre.

1354. *Constitution* de l'an II. Avant la lettre. Constitution de 1799 (Portraits de Robespierre et de Napoléon). 2 pl. in-fol. gravées. Bel. épr.

1355. *Allégorie* relative à Bonaparte, dédiée au Directoire, par PICOT. Gr. in-fol. en larg.

1356. *Consuls* de la République, par COQUERET, dess. d'ap. nature. Placard.

1357. *Députés de l'an VII* (par GONNOR). 5 f. in-fol. contenant 100 portr.

1358. *Paix d'Amiens*. 1802. Allégorie coloriée, in-4. Jolie pièce.

1359. *Costumes* (dix) coloriés des consuls de la République. In-fol.

1360. *Affaire du 19 août* 1820. Conspiration Caron. 28 portr. lith. sur une feuille d. in-fol.

1361. *Costumes allemands.* 8 pl.

1362. *Costumes asiatiques*, n. et coloriés. 14 pl.

1363. *Conspiration des Arminiens. Amsterd.* 1623.

Cruautés contre les catholiques. 2 placards gravés et imprimés.

1364. *Polonais célèbres.* 19 pièces. '

1365. *Théâtre floral*, titres du 17e siècle. 2 pl.

1366. *Sevin.* Vignettes et culs-de-lampe. 55 pièces.

1367. *Vignettes*, par MOREAU et MARTINET, 6 pièces.

1368. *Vignettes* d'Edelinck, Nanteuil et Van Schuppen. 18 pièces.

1369. *Frontispices* et titres de M. Lasne d'ap. Rabel et div. 12 pièces.

1370. *Vignettes* et titres, par divers. 25 pièces.

1371. *Gignoux.* Vignettes in-4. 13 p.

1372. *Titres et frontispices*, gr. par EDELINCK, AUDRAN, etc. 18 pièces.

1373. *Emblèmes et titres*, gravés par MICH. LASNE. 17 pièces.

1374. *Favras*, le Dauphin, Roland. Eaux-fortes d'Hillemacher. Epreuves d'artistes. In-8.

1375. *Hillemacher* (F.), aqua-fortiste. Portraits de Lhote, Plonski, G. Bellini, Locatelli, Cimarosa, Mestrino, Corelli et Moore. Premières épreuves d'artistes. 8 pièces in-8.

8452. — Paris. Imp. de Ch. Noblet, 13, rue Cujas. — 1881.